KB054509

성공을 꿈꾸는

_____ 님께

소중한 성공의 메시지를

드립니다.

지나고 나서야 알게 되는 것들

지나고 나서야 알게 되는 것들

성공을 이룬 30대가
성공을 꿈꾸는 20대에게

**A 10-Focus
Strategy**

글 성제혁

무더웠던 8월, 나는 경기도 광명시의 한 평범한 가정에서 태어났다. 1남 2녀 중 막내로 태어났지만, 살아가면서 막내 역할보다는 장남 역할을 더 많이 했던 것 같다.

2012년 8월 4일 나의 생일, 세상에서 가장 사랑하는 아버지가 돌아가셨다. 아버지의 갑작스러운 소천(召天)에 하늘이 무너지는 아픔을 겪었다. 가족을 위해 평생 고생만 하다 가신 아버지……. 내 생일에 소천하신 아버지의 뜻을 받들어 나는 다짐한다. 더 열정적이고 멋있는 인생을 살기 위해 노력하겠노라고, 어머니와 미래의 내 가족을 위해 열심히 살겠노라고……. 사랑하는 아버지께 이 책을 바친다.

누구나 살면서 시련을 겪는다. 학창 시절, 나 역시 많은 역경 속에서 방황의 나날을 보냈다. 남들보다 꼼꼼하지도 않고, 자기관리도 되지 않고, 충동적으로 생각한 적도 많았다. 소심한 성격이다 보니,

사람과 마주하는 것에 애를 먹었다.

그러던 내 삶에 아주 큰 변화가 생겼다. 내 인생의 멘토를 만난 것이다. 당시 나에게는 파격적인 변화였다. 내가 맞이한 멘토는 세 분이었다.

첫 번째 멘토는 내가 고등학생 때 다녔던 학원의 수학 선생님이다. 공부와는 별로 연이 없었던 나는 모의고사 수학에서 7점이라는 최악의 성적을 받고 만다. 그 점수가 더 충격적인 이유는 하나하나 다풀어 답을 적었다는 데 있었다. 나는 하릴없이 방황했고 결국 친구의 권유로 학원에 다니게 된다. 그곳에서 만난 분이 바로 나의 멘토가 된 수학 선생님이다.

그분이 항상 하시던 말씀은 "답안지를 찢어버리고 방식을 바꿔서 풀어라!", "같은 수학 문제집을 다섯 번 이상 반복해서 풀어라!", "문제집을 통째로 외워라!"였다. 답안지를 찢으라니…… 상당히 이상하게 생각될 법한 말씀이었다. 하지만 나는 선생님에게 묘한 끌림을 느꼈다. 그래서 그분에 대한 절대적인 믿음으로 같은 문제집을 결국 여섯 번 정도 풀었던 것으로 기억한다. 그 후 6개월 만에 나의 수학 성적은 예체능계에서 전교 5등 안에 들었다. 상상할 수도 없던 변화였다. 선생님은 나에게 이런 교훈을 주신 것 같다.

"대충대충 넘어가지 말고 절대적으로 상황에 몰입하라. 그래서 그것에 관련된 분야에서는 전문가가 되어라!"

두 번째 멘토는 대학생 때 만났던 교수님이다. 인간관계에 관한 교양과목 강의를 듣던 중 갑자기 눈앞이 환해지면서 집중이 되기 시작했다. 그분은 다른 교수들과는 무언가 다른 방식으로 강의를 진행했다. 젊은이들의 사고방식에 대한 이야기였는데, 내 마음속에서 어떤 응어리가 터지는 느낌이었다. 그 후 그 교수님 강의는 수강 여부에 관계없이 계속 청강하곤 했다.

그분의 강의 내용은 "인생의 파이프를 가지고 있어라!", "인생의 장기플랜을 짜고 계속 보며 실천하라!", "공무원 취직도 좋지만 본인이 가치가 있다고 느끼는 곳에 치열하게 도전하라!"였다. 내 마음속에서만 꿈틀대던 생각들을 밖으로 끄집어내 표현해주는 것 같았다. 나는 그것들에 자신감을 얻어 설레고 흥분된 마음으로 내 인생과 사업의 계획을 짰다. 그 계획에 따라 지금 이 순간에도 미래의 비전과 꿈을 이루고자 실천하고 있다.

세 번째 멘토는 내가 몹시 어려운 상황에 처했을 때 만났다. 그분은 '조건 없는 사랑'이 무엇인지를 보여주었다. 그분은 내 마음의 안식처였다. 항상 내 편이었고 나의 부족한 부분을 가득 채워주었다. 경영적 측면이나 학문적 측면에서 모두 나보다 월등한 분이었는데, 절대로 권위를 내세우지 않고 항상 진심으로 나를 대해주었다. 내가 실수를 저지르면 망설이지 않고 혼을 냈다. 참으로 감사한 분, 마음으로 존경한다. 그분의 가르침은 "책을 많이 읽어라!", "책 속에 인생의 가르침이 있다!", "세상에 불가능이란 없다!", "너는 무엇이든 될 수 있고 무엇이든 할 수 있다!"였다.

그분은 지금도 여전히 나에게 애정을 듬뿍 담아 관심을 보여주신다. 나는 그분을 통해 나라는 존재의 대단함을 느꼈다.

'그래, 나도 할 수 있어!'

'그래! 항상 긍정적으로, 여유롭게 살자!'

'때로는 독수리의 눈빛으로 관찰하자!'

나의 세 번째 멘토는 내게 이 같은 인생 신념을 가지게 해주었다. 그 신념에 따라 긍정적 마인드로 살다 보니 힘든 일도 즐겁게 임하는 능력을 가지게 되었다.

나의 멘토 권도형 선생님, 강정원 박사님, 선준호 회장님께 감사의 말씀을 전해드린다.

나는 세 멘토에게 긍정적인 기를 받았다. 나 스스로도 나의 멘토가 되고자 자기반성을 하고 나를 돌아보는 시간을 가지곤 한다. 그러면서 좋은 생각이 떠오르면 틈틈이 메모를 하며 되새긴다.

지금 나는 아동·청소년 교육 회사를 운영하며 보건복지부 바우처 사업, 지자체나 학교 공교육 등에 관련된 교육복지 사업을 하고 있다. 나는 콘텐츠 개발과 교육 선진화를 위해 노력하고 있다. 나는 내가 꿈꾸는 미래의 이상적인 좋은 교육, 그 비전 실현을 위해 날마다 앞으로 나아갈 것이다.

우리나라의 미래를 짊어질 2030 대한민국 리더들과 이 책을 나누고 싶다.

2013년 4월
성제혁

| Contents |

Part 1

사회 생활에
반드시 갖추어야 할
기본자세, 매너

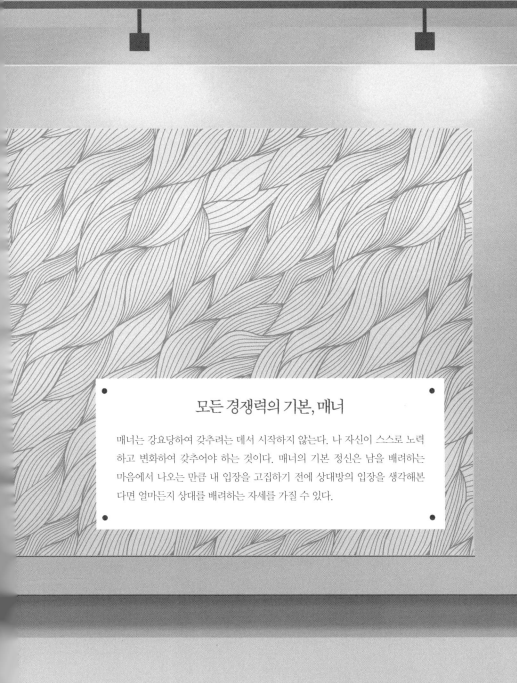

모든 경쟁력의 기본, 매너

매너는 강요당하여 갖추려는 데서 시작하지 않는다. 나 자신이 스스로 노력
하고 변화하여 갖추어야 하는 것이다. 매너의 기본 정신은 남을 배려하는
마음에서 나오는 만큼 내 입장을 고집하기 전에 상대방의 입장을 생각해본
다면 얼마든지 상대를 배려하는 자세를 가질 수 있다.

1
Chapter

상대의 호감을 사라

상대하는 사람들에게 호감을 얻는다는 것은 인간관계에서는 커다란 무기이며, 치열한 경쟁사회에서는 굉장한 힘이다. 그러므로 사회생활을 하면서 사람들로부터 호감을 사도록 노력해야 한다.

직장 동료나 선배 또는 주위 사람들에게 호감을 얻기 위해서는 다음과 같은 행동이 필요하다.

| 사람을 만날 때는 항상 웃는 표정을 하라 |

상대방의 호감을 사기 위해서는 항상 웃는 표정을 지어야 한다. 웃는 표정은 상대에게 평화, 우호, 행복을 전한다. 친근감을 느끼게 하여 쉽게 말을 걸게 하며, 주위에 사람들을 모이게 한다.

인간의 표정에는 거울 효과가 있다. 웃는 표정을 짓고 있는 사람을 만나면 자신도 웃게 되고, 이맛살을 찌푸린 채 어두운 표정을 짓고 있는 사람과 함께 있으면 자신의 표정도 어두워진다. 즉, 웃는 표정은 인간관계에서 호감을 얻기 위한 빼놓을 수 없는 수단이다. 첫 대면에서 미소와 함께 밝은 표정을 보이면 상대도 호감을 표시한다.

인생이라는 항해에서 인간관계는 매우 중요하다. 혼자서 험난한 파도를 헤치고 나아가기란 무척 힘든 일이기 때문이다. 따뜻한 교류는 인간관계를 원만하게 만든다. 아무리 재능이 뛰어나고 기회적 혜택을 받았더라도 대인관계가 원만하지 못하면 인생 여정은 행복하지 못하다. 즉, 웃음은 나를 둘러싼 인간관계를 비롯하여 장래나 운명까지도 좌우하는 잠재력을 가지고 있다.

거울을 보라. 거울 앞에서 웃는 연습을 하거나 밝은 색 옷을 입고 밝은 이미지를 갖출 수 있도록 변화를 주는 것도 한 방법이다. 주변에 있는 느낌이 좋은 사람의 웃는 모습을 참고하라.

이제 웃는 얼굴로 인사하는 것부터 실천해보자. 웃는 얼굴은 좋은 인상을 심어주고 커뮤니케이션을 원만하게 하는 중요한 경쟁력의 요소이다.

| 말투에서 편안한 느낌을 주라 |

상대방에게 호감을 얻기 위해선 대화를 할 때 말투에서 편안한 느낌을 주어야 한다.

아 해 다르고 어 해 다르다. 같은 말이라도 말투에 따라 상대에게 전달되는 감정이 다를 수 있다.

상대에게 호감을 얻기 위해서는 대화의 내용뿐만 아니라 말투, 말씨, 표정, 몸짓도 잘 관찰해야 한다. 왜냐하면 사람들은 소리로 전달되는 말에 담긴 비언어적 메시지, 즉 말투와 말씨에 더 많은 영향을 받기 때문이다.

또한 말의 표현법에도 주의를 기울여야 한다. 평소 긍정적인 표현을 자주 하는가, 아니면 부정적인 표현을 자주 하는가? 만일 상대방과의 대화에서 긍정적인 표현을 자주 사용한다면, 바람직한 인간관계를 유지하고 있다고 할 수 있다. 그러나 부정적인 표현을 자주 사용한다면, 심리 상태나 인간관계를 검토할 필요가 있다.

주위 사람들을 즐겁게 하는 사람이 있는가 하면 말마다 욕을 하여 불쾌하게 만드는 사람도 있다.

끌리는 사람은 항상 주위 사람들을 즐겁게 만든다. 끌리는 사람들은 대화에서 즐겁다, 맛있다, 재미있다, 기분이 좋다는 등의 긍정적인 말을 자주 사용한다. 이런 말을 듣는 사람들은 당연히 유쾌해진다.

반면에 재미없다, 싫다, 안 된다, 한심하다, 시시하다 등의 부정적인 말을 들으면 기분이 불쾌해지고, 부정적인 감정이 고개를 들어 그런 말을 하는 사람에 대해서도 부정적인 느낌을 갖게 된다.

따라서 평소 대화에서 자신도 모르는 사이에 부정적인 표현을 사용하고 있다면 의도적으로 긍정적인 표현을 사용하도록 노력해야 한다.

"응, 거짓말이지요?"를 "정말이지요?"로, "그날은 안 됩니다, 못

갑니다"를 "미안합니다. 그날은 예정이 있으니, 다음 날 꼭 가겠습니다"로 바꾸는 것이다.

화제를 꺼낼 때도 가급적이면 긍정적인 내용의 이야기로 상대의 호감을 사야 한다. 또 질문할 때에도 상대방이 긍정적으로 대답할 수 있는 내용을 선택하는 것이 좋다.

| 대화에서 안도감을 주라 |

우리는 누구와 개인적인 문제로 대화를 할 때 마음 한편으로는 불안을 느낀다.

'이런 말을 하면 나를 한심한 사람으로 보지 않을까?'

그럴 때 상대방이 호응해주면 '이 사람은 내 이야기를 정말 진지하게 들어주는구나' 하는 생각이 들어서 안심하고 대화를 계속할 수 있다. 반면에 상대방이 고개를 끄덕이지도 않고 건성으로 듣는 것처럼 보이면 자신의 이야기에 관심이 없는 것이라고 생각하여 고민을 말하다가 점차 입을 다물게 된다.

고개를 끄덕이는 행동이나 맞장구를 치는 것은 상대방의 말을 인정하고 있으니 이야기를 계속하라는 사인이다.

사람은 누구나 상대방이 알아주고 이해해주기를 바란다. 고민을 털어놓는 까닭은 자신이 지금 고민 중임을 상대방이 이해해주기를 바라기 때문이다. 자신의 고민을 듣고 오히려 그런 고민을 가진 것을 힐난하거나 충고하는 상대방도 있다. 그런데 고민을 털어놓는 사람이 상대방의 해결책에 꼭 만족하는 것은 아니다. 고민을 털어놓는 사람은 해결책이 아니라 그 고민에 대한 상대의 이해를 바랄 뿐이다.

사람은 자기를 긍정적으로 평가해주는 사람으로 인해 자신감을 얻고 불안감을 해소한다. 반면에 자기를 부정적으로 평가하면 자신감을 잃고 불안해한다.

사람들이 고민을 상담하기 위해서 찾는 상대는 자신의 말에 귀를 기울이는 사람이다. 이처럼 상대의 말을 잘 들어주는 사람이 말 잘하는 사람보다 호감을 더 얻는 것은 화자의 이해받고 싶은 마음을 충족시키기 때문이다. 따라서 사람을 대할 때 무슨 말을 해야 될지 모르겠다면 상대방의 말을 들어주는 행동, 즉 고개를 끄덕이는 것부터 시도해야 한다. 고개를 끄덕이는 횟수가 많으면 많을수록 상대방은 '이 사람과 더 많은 이야기를 나누고 싶다'는 생각을 하게 되고, 점점 대화가 원만하게 진행된다. 호감을 얻는 사람은 상대에게 안도감을 선사할 줄 아는 사람이다.

| 가까이 있는 사람이 친근감을 준다 |

우리는 가까운 장소에 있는 사람에게 친근함을 느끼는 경향이 있다. 다른 부서의 직원보다 같은 사무실에 근무하는 직원, 다른 팀 직원보다 같은 팀 직원에게 더 친근함을 느낀다.

'가까운 남이 먼 일가보다 낫다'는 속담이 있듯이 자주 만나는 사람에게 자신도 모르게 정을 느낀다.

미국의 사회심리학자 뉴컴이 학생들을 상대로 조사한 바에 따르면, 입학 당시 방이 가까운 사람끼리 친구가 되는 경향이 높았다.

심리학에서는 이것을 '근접성의 요인'이라고 말하는데, 직장 생활에서 자신의 책상 가까운 곳에 있는 직원과 더 친해지는 것도 바로 이런 심리가 작용하기 때문이다. 근접해 있는 사람에게 친근감을 느끼고 정이 가는 것은 자연스러운 끌림의 법칙이다.

| 자신을 먼저 열어 보여라 |

사람과 사람이 친해지려면 먼저 자기 자신을 열어 보여야 한다. 호감을 얻는 사람은 상대방이 어떤 사람이고, 어떤 성격이며, 사물에 대해서 어떻게 생각하는지, 사고방식이나 행동 패턴을 파악한다. 이런 것이 바로 친해지는 과정이다. 상대방에 대해 알고 있으면 대화를 나눌 때나 데이트를 할 때 어떻게 행동하는 것이 좋은지 간파할 수 있고, 상대방의 생각이나 다음 행동을 어느 정도 예측할 수 있다.

상대방을 알고 싶다면 우선 자신을 열어 보이자. 단, 자신의 이야기는 적당히 하고 상대방이 즐길 수 있는 화제를 선택하는 것이 키포인트다.

호감을 얻는 사람은 자기 자랑, 혹은 자신을 비하시키는 과거의 실패담보다는 상대의 웃음을 이끌어내는 에피소드로 대화를 진행한다.

머리가 좋고 인간관계 역시 실수 없이 잘하는 사람은 주위에서 존경을 받을지는 몰라도 절대적으로 끌리는 사람은 아니다. 반대로 어딘가 부족함이 있고 모자란 부분이 있어 보이는 이에게 사람들은 끌린다. 타인의 결점이나 약점을 보고 자신과 같은 인간이라는 동질감에 안심하여 끌리게 되는 것이다.

호감을 얻는 사람은 자신의 약점이나 결점을 보이는 방법 외에 마음을 열어놓고 대화를 나누는 방법을 사용한다. 사람들은 마음을 연 대화에 끌린다.

마음을 열어놓고 대화를 하다가 고민을 털어놓기도 한다. 이것은 '당신에게 호감을 가지고 있을 뿐만 아니라 당신을 믿기 때문에 이런 말을 하는 것'이라는 의사 표시다.

단, 상대에게 마음을 열어놓고 대화할 때는 상대가 현재 나를 받아들일 수 있는 마음의 여유가 있는가를 고려해야 한다.

| 처음 만나는 사람과 친해질 수 있는 규칙 |

인생이라는 항해에서 우리는 수없이 많은 사람과 첫 대면을 가진다. 우리가 만나는 사람 대부분은 부모나 형제자매, 그리고 친인척 외에는 모두 언제 어디에선가 처음 만나게 되는 사람들이다. 첫 만남 후 그 만남이 유지될지의 여부는 친근함을 느끼느냐에 달려 있다.

처음 만난 사람과 이야기를 나눌 때, 공통점을 발견하고 기분이 좋았던 경험이 있을 것이다. 이처럼 공통점을 발견하는 것만으로도 이야기는 열기를 띠고 상호 친밀감은 상승한다.

'초록은 동색'이라는 말이 있듯이 인간은 비슷한 타입끼리 모인다. 우리에게는 비슷한 사람을 좋아하는 속성이 있기 때문이다. 사고방식, 의견, 가치, 취미, 패션, 살고 있는 지역이나 출신지 등이 모두 공통점에 포함된다.

인생의 항해를 시작할 때 마음 맞는 사람과 함께하면 편안함을 느낀다. 친구의 사고방식이나 감각에 동의할 수 있다면 친근감을 느낄 수 있다. 대화가 즐거우면, 시간이 흐를수록 상대방을 더욱 좋아하게 된다.

인생을 살아오면서 오랜 세월 관계를 유지해온 친구들을 보면 어딘가 자신과 비슷한 사람들이 많다. 이상하게 마음이 잘 통하는 사람, 처음 만났는데도 오래전부터 알고 지낸 느낌이 드는 사람……. 그런 사람 앞에서는 왠지 말이 많아진 경험이 있을 것이다. 그 사람들은 틀림없이 나와 공통점이 많다.

우리는 좋아하는 것, 또는 좋아하는 사람과 '한 몸'이라는 생각을 하고 싶어 한다. 취미가 같아서 서로 이야기를 나누다 보면 동료의식을 느끼고, 친근감을 느끼고, 일체감을 느낄 수 있기 때문이다.

호감을 얻는 사람은 마음에 드는 사람을 상대로 한 가지라도 더 많은 공통점을 만들려고 노력한다. 공감은 안도감과 연결되므로 친해지는 첫걸음은 서로 공감할 수 있는 대상이냐의 여부라고 하겠다. 상대방과 공감할 수 있다면 친근감은 훌쩍 커질 것이다.

2
Chapter

매너의 기본을 아는 것이 중요하다

자유롭고 분방한 듯 보이는 연예계에서도, 예의와 인사성에 대한 생각은 똑같다. 아무리 세상이 변했다 해도 인간사에서 '예의'는 변함없는 중요한 가치다.

서울에서만 거의 매일 하루 1,000여 개의 크고 작은 점포가 경영 악화로 문을 닫는다. 그런데 잘되는 점포와 그렇지 않은 점포를 단박에 알아차릴 수 있다. 가는 곳마다 업종도 다르고 일하는 종업원도 다르지만, 장사가 잘되는 곳의 공통점은 유달리 분위기가 밝고 편안하며 직원들의 인사성 또한 매우 밝다는 것이다.

문을 열고 매장에 들어가는 순간 깜짝 놀랄 만큼 큰 목소리로 명랑하고 활기차게 인사를 하거나 마치 용수철이 튕겨나가듯 요란하게 손님을 반기는 곳이 있는가 하면, 반대로 자기들끼리 잡담이나 하다가 문 열리는 소리에 마지못해 다 죽어가는 목소리로 "어서 오세요" 하는 곳이 있다. 그런데 신기하게도 호들갑스럽게 반기는 사람들은 대부분 전국에서 친절하기로 유명한 직원이거나 베테랑 마케터들이다.

이처럼 잘되는 집과 안 되는 집의 차이는 '분위기'에서부터 확연히 드러난다. 또한 잘되는 사람과 안 되는 사람은 얼굴 표정과 인사성만으로도 어느 정도 짐작할 수 있다.

최근 들어 창의력이나 자율성 같은 말이 선진 문화를 대변하는 말처럼 쓰이고 있다. 그런데 오늘날 창의와 방만을 구별 못하고, 자율과 방종을 혼동하는 사람들이 너무 많은 것 같다. 규율 없는 자유는 방종에 불과하고, 책임 없는 창의는 방만함에 불과하다. 비록 종업원이 두서너 명뿐인 구멍가게라도 질서와 책임이 없다면 금세 망하고 만다. 인간이란 누구든 자기중심적인 사고방식을 가지고 있어서 규칙이나 규범이 없으면 제 편한 대로 하려는 본성이 튀어나오기 때문이다.

| 무엇보다 중요한 기본 |

처음 창업을 했거나, 이른바 창의적인 일을 한다는 조직에 가보면 "일만 잘하면 됐지, 형식이나 규칙이 뭐 필요 있습니까?" 하며 사장부터가 자랑 삼아 얘기하는 경우를 종종 본다. 그런데 그런 곳들은 공통적으로 불친절하고 무성의하다. 아주 불쾌하여 짜증까지 날 지경이다. 손님이 사무실 문을 열고 들어가도 직원들은 누가 들어오는지 나가는지 관심도 없고 아예 쳐다보지도 않는다. 아는 체를 하더라도 무성의하게 고개만 까딱거리며 퉁명스럽게 "어떻게 오셨어요?" 한다. 그런 사무실의 경우, 둘러보면 서류나 비품들이 아무렇게나 널브러져 있고 탁자에도 먼지가 뽀얗게 쌓여 있다. 어쩌다 전화라도 하면 인사말도 없이 "여보세요?", "누구 찾으세요?" 하고 따지듯이 툭툭 내뱉는다. 확실한 것은 그러다가 몇 년 뒤, 아니 몇 달 뒤에 다시 가보면 백이면 백 문을 닫은 지 오래라는 거다.

흔히 사람들은 규칙이나 규범이 자율과 창의를 가로막는 낡은 사고방식이라고 폄하하거나, 형식적인 겉치레에 불과한 것으로 취급하는 경향이 있다. 그것은 잘못된 생각이다.

요즘 부모들은 공부나 학업 성적에 관해서는 자녀들을 독려하고 질책하면서도 정작 가장 중요한 예의나 질서에 대해서는 입을 다무는 경우가 많다. 이런 부분에 대해 지적하면 "크면 다 알아서 하겠죠", "괜히 아이들 기죽일 필요 있나요?" 하면서 너그러운 미소를 짓는다.

예의범절이나 질서 역시 누가 안 가르쳐주면 모른다. 모르니까 안 하고, 안 하니까 못하는 것이다. 그러다 보면 안 하는 걸 당연하게 생각하고, 그것이 끝내 그 사람의 습관이 된다. 예의도 없고, 질서도 모르는 사람이 무슨 일인들 제대로 해내겠는가? 기본을 지키지 못하면 아무 일도 할 수 없다. 이것은 인간에 대한 예의이고, 자기 삶에 대한 예의이며, 세상에 대한 예의이다. 그리고 스스로를 관리하고 통제하고 있다는 신호이기도 하다.

3
Chapter

인간에 대한 첫 번째 예의, 인사

많은 사람이 사랑하고 좋아하는 사람은 어떤 사람일까? 인형 같이 예쁜 사람? 공부 잘하고 똑똑한 사람? 돈 잘 쓰는 사람? 아니다. 아무리 예쁘고 똑똑하고 돈을 잘 써도 그 사람이 안하무인에 예의조차 없다면 사람들은 그를 좋아하지 않는다. 겉으로는 좋아하는 척할지 몰라도 속마음은 절대 그렇지 않다.

요즘은 개성 시대라 하여 너무 예의 바른 '범생이' 스타일보다는 톡톡 튀고 재기발랄한 사람들이 인기다. 그러나 그것도 아무 이해관계가 없거나 멀찌감치서 보았을 때 얘기다. 막상 자신과 같은 방을 써야 하는 룸메이트나 같이 일하는 동료가 그런 스타일이라면 이야기는 달라진다. 처음에는, 그리고 가끔씩은 그런 사람이 매력적으로 느껴지거나 호감이 갈 수도 있겠지만, 어느 순간 그가 품격이 없고 예의도 없다는 사실을 알게 되면 금세 싫증이 나게 마련이다.

이 세상 그 누구도 무례한 사람을 좋아하지 않는다. 예의 없는 사람들조차도 예의 없는 사람을 싫어한다. 비록 자기 자신은 무례하더라도 말이다.

예의범절 중에서도 가장 기초가 되는 것이 바로 인사다. 처음 만났을 때 그 사람의 됨됨이나 예의를 파악할 수 있는 바로미터가 인사다. 간혹 쑥스러워서 인사를 잘 못하겠다는 사람들이 있는데 쑥스러운 거야 자꾸 하다 보면 익숙해지고, 하면 할수록 더 잘하게 된다. 조금만 신경 쓰면 금방 좋은 습관이 몸에 붙게 된다.

인사는 아무리 많이 해도 손해 보는 법이 없다. 대문호 톨스토이도 이렇게 말했다.

"어떠한 경우라도 인사는 모자란 것보다는 지나친 것이 낫다."

| 제대로 인사할 줄 아는 것이 경쟁력이다 |

인사는 그냥 형식에 불과한 것이 아니다. 한 존재에 대한 인정이자 존중의 표현이다. '내가 너를 알고 있고, 내가 너를 한 사람으로서 존중한다'는 신호다. 앙숙지간에는 외나무다리에서 마주쳐도 서로 아는 척 안 하고 지나친다. 이는 화를 내고 시비를 거는 것보다 더 무서운 일이다. '나는 너라는 존재를 인정하지 않아. 너는 나에게 이 세상에 없는 사람이나 마찬가지야'라는 뜻이기 때문이다. 심하게 말하면 '넌 사람도 아니야'라는 뜻이다.

아침에 사무실 문을 열고 들어오는데, 동료가 뒤통수만 보이고 앉아 아는 척도 않는다고 생각해보자. 한 술 더 떠 "좋은 아침!" 하고 큰 소리로 인사를 하는데도 귀에 이어폰을 꽂고 앉은 채 대답도 안 한다고 생각해보자. 그런 사람을 기분 좋게 대할 동료나 선배는 없다. 용모나 옷차림 하나가 얼마나 준비된 사람인지를 말해주듯이 인사성 하나가 예의를 갖춘 사람인지, 싹수가 있는 사람인지를 말해준다.

우리 사회는 앞으로 더욱더 경쟁이 치열해질 것이다. 회사가 내 인생을 책임져주던 시대는 끝났다. 지금은 이미 한 사람 한 사람이 독립적인 상품이 된 시대다.

그렇다면 어떻게 경쟁력을 갖춰야 할까? 학위? 공부? 인맥? 무엇이 가장 중요할까?

회사에 다니든, 예술을 하든, 연예인이 되든, 스포츠 선수가 되든, 장사를 하든, 세상 모든 일에는 모두 '상대'가 있게 마련이다. 그 '상대'에게 자신을 어필하지 않으면 상대가 나에게 시간과 돈을 선뜻 내줄 리 없다. 그런 상대에게 자신을 어필하는 가장 간단한 방법이 바로 '인사'다. 아니, 정확히 말하면 '제대로 된 인사'다. 이것이 간단하면서도 밑바탕이 되는 경쟁력이다.

인간은 사회적 동물이다. 인사는 사람과의 관계를 연결해주는 윤활유 같은 것이다. 비즈니스를 성공시키려면 사람들의 틈을 비집고 들어가는 방법을 잘 알아야 하는데, 인사성이 밝은 사람은 이런 방법을 가장 자연스럽게 체계화하여 습관으로 만든다. 좋은 습관을 자기 것으로 만들어서 그런지, 이들은 남들보다 훨씬 친절하고 사교적이다. 게다가 표정까지 밝다.

메달을 잘 따는 선수일수록 인사를 잘 하더라는 재미있는 기사를 본 적이 있다. 국가대표 선수들이 머무는 태릉선수촌 기숙사 관계자들의 얘기다. 그들은 배드민턴 금메달리스트인 하태권 선수, 역도의 장미란 선수, 양궁의 이성진 선수 등이 인사를 잘하는 대표적인 선수들이라고 말한다. 특히 하태권 선수는 덩치도 커다란 사람이 오며 가며 볼 때마다 하도 열심히 90도로 깍듯하게 인사를 해서 오히려 받는 쪽이 미안할 정도라고 칭찬을 아끼지 않았다.

대체 운동선수들의 성적과 인사성이 무슨 관련이 있는 것일까?

'내가 그의 이름을 불러주었을 때, 그는 내게로 와서 꽃이 되었다'라는 시 구절처럼 사람은 서로 눈을 마주치고 알아봐주고 인정해줄 때, 비로소 서로에게 의미 있는 존재가 된다. 즉, 의미 있는 관계를 형성할 수 있는 첫 번째 실마리가 인사다. 우리도 좋아하는 이성 친구나 선생님에게 틈날 때마다 혹은 마주칠 때마다 먼저 반갑게 인사를 건네지 않는가? 때로는 '나'라는 존재를 상대방에게 좀 더 긍정적으로 각인시키고자 '우연'을 가장한 사건을 계획하기도 한다. 그렇게 자주 마주치고 인사를 건네는 일은 분명 효과가 있다. 누군가의 마음속에 들어가고 싶다면 꼭 그렇게 해보자.

우리는 흔히 인사 잘하는 사람을 그저 '인사성 좋은 사람' 정도로만 간단히 생각하지만, 그 '인사성'이 갖는 위력은 실로 대단하다.

같은 아파트에 사는데 서로 소 닭 쳐다보듯 하고 지나치는 이웃과, 먼저 생긋 웃으면서 인사를 건네는 이웃 중 누가 더 좋아 보일까? 누구에게 더 친근감을 느끼고 더 잘 대해주고 싶을까? 쿵쾅거리는 윗집 아이들 때문에 잔뜩 화가 나서 뛰어 올라갔는데, 마침 문을 열고 나온 집 주인이 마주칠 때마다 먼저 인사를 건네던 그 친절한 이

웃이라면 험한 말을 하려다가도 어느새 말씨가 공손해질 것이다.

학교나 단체에서도 마찬가지다. 출퇴근길에 만나거나 직장 내에서 마주칠 때 늘 공손하고 상냥하게, 그리고 반갑게 인사를 해주면 그게 그렇게 기분 좋을 수가 없다. 만약 그런 동료나 후배가 잘못을 저질렀더라도 20퍼센트는 봐주고 들어가게 된다. 불합리하다고 생각할 수 있겠지만 그게 인지상정이다.

Chapter

인사의 힘

인사의 힘은 단순히 좋은 인상을 주는 정도에 그치지 않는다. 비즈니스를 할 때도 단순한 인사 하나가 엄청난 경쟁력을 창출한다.

경기도 화성에 한 전자제품 매장이 있었는데, 그 지역은 대한민국에서 소위 난다 긴다 하는 전자유통 매장 네 개가 다닥다닥 붙어 있다. 그래서 이 지점의 성적은 겨우 3위 수준이었고, 그것도 1위 매장에 비하면 매출액이 절반도 채 되지 않았다. 그러던 것이 지점장이 바뀌면서 단 몇 달 만에 월 매출 10억 원 이상으로 실적이 크게 오르면서 화성 지역의 타 점포들을 멀찌감치 따돌렸을 뿐만 아니라 전국 톱클래스 수준의 실적을 기록했다. 그 비법은 바로 '인사 잘하기'였다. 그 어떤 어마어마한 경영전략도 마케팅 방법도 아닌, 단지 '인사하기' 하나만으로 기적 같은 일이 일어난 것이다.

사람은 자신의 존재를 인정해주고 존중해주는 사람에게 호감을 품을 수밖에 없다. 그 사람의 성품과 실력이 어떤지에 관계없이 일단 호의적인 감정이 생기면 어떤 모습이든 좋게 보이는 법이다. 그렇게 되면 자연히 긍정적인 피드백을 주게 되고, 그러면 또 그 사람은 용기백배해서 더 열심히 일하게 된다. 그렇게 긍정적인 피드백을 서로 주고받다 보면, 자연히 그 사람의 능력도, 두 사람의 신뢰도 함께 성장하게 된다. 선순환의 사이클로 접어드는 것이다. 고개 한 번 정중히 숙이고 인사하는 것, 그토록 간단한 한 번의 '인사'가 가장 강력한 힘이 되는 것이다.

인사는 대인관계의 첫 동작이자, 마지막 행동이다. 그러므로 인사에 대해 심각하게 신경 써보지 않았다면 그의 미래에는 '묘지'라는 팻말을 써 붙여야 할 것이다. 한마디로 미래가 암울하다는 소리다. 모든 인간관계는 인사로 시작되고, 인사로 깊어지며, 인사로 마무리되기 때문이다.

5

자기 일에 맞는 자세를 항상 준비하라

　나폴레옹의 7배, 히틀러의 3배 반, 알렉산더 대왕이 점령한 영토의 2배나 더 넓은 땅을 차지함으로써 인류 역사의 큰 획을 그었던 몽골의 칭기즈칸, 그는 777제곱킬로미터에 달하는 광활한 땅을 차지한, 지난 밀레니엄의 인류사에서 가장 큰 영향력을 발휘한 인물 중 하나다.

　불과 700년 전, 일개 마적단에 불과했던 소수의 불학무식한 집단을 이끌고 역사상 최단 기간에 최대 제국을 건설한 리더 칭기즈칸. 몽골에서 중국, 러시아를 거쳐 폴란드, 헝가리까지 몽골벨트를 형성한 그는 참으로 불가사의한 존재라고밖에 할 수 없다. 당시 몽골의 인구는 고작 100만 명, 그중 20만 명으로 기마군단을 조직하여 3억 명이었던 세계 인구 중 1억 명을 지배하에 두었다. 무엇이 이런 놀라운 일을 가능케 했을까?

컨설팅업체 리더밸류사의 창업자 마이크 예이츠는 '칭기즈칸 리더십'에 대해 언급하면서 그의 리더십 특질을 '비전, 능력, 열정, 권위 이양' 등 네 가지로 압축하고 있다. 학자들은 여기에 덧붙여 칭기즈칸 군대가 갖췄던 '단정함'에 주목한다.

일반적으로 '단정함'이라 하면, 복장을 잘 갖추고, 용모가 말끔한 것을 떠올릴 것이다. 그러나 진정한 단정함이란 말끔하게 갖춘 '용모'뿐만 아니라 자신의 신분이나 하고자 하는 일에 적합한 '태세'를 갖추는 것을 의미한다.

환자를 돌보는 의사가 아무리 용모가 말쑥하다 한들 환자의 진단에 필요한 도구나 문진 정보 등의 자료도 없이 환자를 맞는다면, 이는 단정하다고 말할 수 없다. 즉, 단정함이란 자신의 특질을 잘 살리되, 언제 어디서든 화력을 최대한으로 폭발시켜 발휘할 수 있도록 '순발력'과 '기동력'을 갖추는 것을 말한다.

몽골군은 군복을 잘 정비해서 입은 것은 물론이거니와 병사 한 명이 보르츠(말린 쇠고기를 빻아 가루로 낸 휴대용 식량)가 담긴 소의 방광 주머니를 두 개씩 가지고 다니다가 더운 물에 조금씩 풀어 마시는 것으로 식사를 해결함으로써 기동력을 더욱 높일 수 있었다. 그리고 몽골의 말은 작은 체구에 온순하면서도 환경 적응력이 강해서 장기간 이동에 적합했고, 몽골군이 사용한 말안장은 턱이 없어서 말 위에서도 몸놀림을 자유자재로 할 수 있었다. 그뿐만 아니라 군화의 발목 부분에 금속판을 달아 발을 보호했고, 신발 코가 위로 들려 있어서 말에 탄 채로 일어서도 등자에서 발이 빠지지 않아 낙마의 위험 없이 전투를 할 수 있었다. 또한 그들의 등자는 말을 달리면서 뒤돌아 활쏘기가 가능하도록 개량되어 있었다. 즉, 이 같은 준비된 복장이야말로 세계를 제패한 몽골군의 뛰어난 경쟁력의 원천이었던 것이다. 이런 뛰어난 경쟁력을 바탕으로 그들은 역사상 가장 넓은 영토를 지배할 수 있었다.

6
Chapter

매너는 스스로 갖출 때 아름답다

매너는 강요당하여 갖추려는 데서 시작하지 않는다. 나 자신이 스스로 노력하고 변화하여 갖추어야 하는 것이다. 매너의 기본 정신은 남을 배려하는 마음에서 나오는 만큼 내 입장을 고집하기 전에 상대방의 입장을 생각해본다면 얼마든지 상대를 배려하는 자세를 가질 수 있다.

친절은 무조건 강요한다고 해서 되는 것이 아니다. 스스로 그 이치를 깨닫고 온전히 자신의 것이 되었을 때 비로소 마음에서 우러나온다. '물가에 말을 끌고 갈 수 있지만 목이 마르지 않는 말에게 먹일 수 없다'는 말이 있다. 이 또한 강요할 것이 아니라 스스로 원할 때까지 기다려야 한다는 뜻이다.

미국 대학생들에게 퍼즐을 시키고선 절반의 학생들에게는 성적에 따라 돈을 주고 나머지 학생에게는 한 푼도 주지 않았다. 그런데 오히려 돈을 받지 않은 학생들이 돈 받은 학생들보다 더 흥미를 가지고 열심히 퍼즐 맞추기를 했다고 한다. 돈을 받고 한 학생들은 '누가 시켜서 한다'는 느낌을 갖게 되고 굴욕감을 느껴 퍼즐에 싫증을 내는 좋지 않은 결과가 나온 것이다.

요즘 조직 내에서 소위 '지시 대기 증후군'을 앓는 젊은이가 많다. 즉, 스스로 알아서 하지 못하고 누가 시켜야 움직인다는 것이다.

무슨 일이든지 그렇지만 매너, 특히 남을 배려하는 친절은 결코 누가 시켜서 되는 일이 아니다. 스스로 이치와 필요성을 깨닫고 몸에 익힐 때 가능한 것이다. 그리고 이렇게 스스로 갖추고 나타내는 매너가 더욱 아름다운 것이다.

아이들의 행동은 어른들의 거울이다. 어려서부터 남을 배려하는 것을 보고 배운 아이는 분명 커서도 가족, 친구, 선후배들을 배려할 줄 아는 사람으로 성장한다.

몸에 밴 친절도 마찬가지다. 무엇이든 자주 하다 보면 내 것처럼 편해지듯이 친절도 베풀면 베풀수록 내 삶의 일부가 되어, 멋진 사회 생활을 할 수 있는 경쟁력이 되는 것이다.

7
Chapter

매너는 매력의 근원이다

　우리나라는 남을 배려하는 문화가 아직 낯설다. 그리고 매력이 부족한 사람들의 태도는 매너에서 잘 드러난다. 주변을 돌아보면 글로벌 시대에 현대인으로서 갖추어야 할 기본매너를 갖추지 못한 사람들이 의외로 많다. 매너가 부족하면 대인관계는 물론 비즈니스에서도 불이익을 당하기 쉽다.

　글로벌 시대를 살아가는 현대인이라면 매너의 개념과 그 가치를 인식할 수 있어야 한다. 너나없이 매너가 부족한 현실에 살고 있으므로 매너에 크게 신경 쓰지 않지만, 외국에 나가 보면 자신의 매너가 얼마나 부족한지 금방 깨닫게 된다.

| 매너와 에티켓의 차이 |

사람들은 의외로 매너와 에티켓을 잘 구별하지 못한다. 매너란 사람마다 가지고 있는 습관 및 행동양식을 말한다. 따라서 매너는 개인의 인성을 판단하는 중요한 잣대라고 할 수 있다.

에티켓은 타인에게 불쾌감을 주지 않기 위한 약속 및 규칙을 말한다. 매너가 자의적이라면 에티켓은 타의적인 요소가 강하다. 따라서 에티켓은 누구나 지켜야 할 규범이기 때문에 개인의 매력 기준에서 상당히 벗어나 있다.

그렇다면 매너와 인성은 얼마만큼 관계가 있을까? 매너가 없다고 해서 그 사람의 인성이 나쁘다고는 할 수 없다. 단지 그 사람은 매너의 중요성을 깨닫지 못했고 매너의 스킬이 부족할 뿐이다. 문제는 매너가 그 사람의 인성을 판단하는 기준이 된다는 데 있다. 매너는 타고난 외모와 달리 후천적으로 양성되는 매력 DNA이다.

최상의 매너는 상대를 '배려'하는 마음과 상대가 보고 느낄 수 있는 실제적인 태도를 바탕으로 형성되어 있다. 결국 매너의 척도는 태도에 의해서 결정되므로 의식적으로나마 매너 스킬을 연습할 필요가 있다. 상대를 배려하는 마음과 매너 스킬을 고루 갖추었을 때 진정으로 매력 있는 사람이라고 할 수 있다.

Part 2

외모를
첫인상의
최대 무기로 삼아라

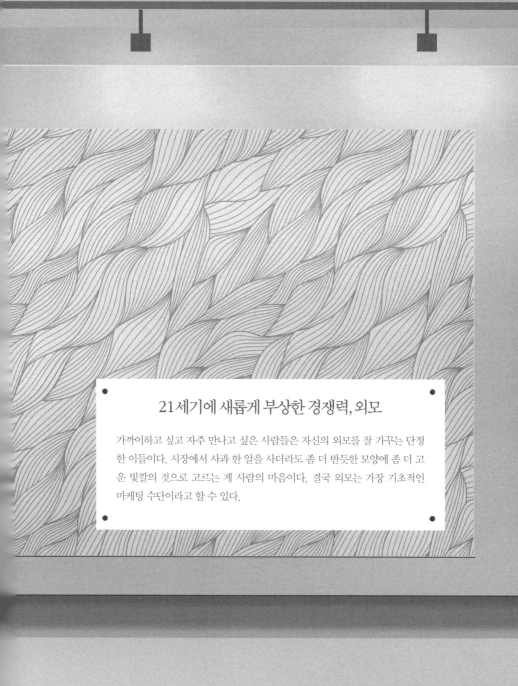

21세기에 새롭게 부상한 경쟁력, 외모

가까이하고 싶고 자주 만나고 싶은 사람들은 자신의 외모를 잘 가꾸는 단정한 이들이다. 시장에서 사과 한 알을 사더라도 좀 더 반듯한 모양에 좀 더 고운 빛깔의 것으로 고르는 게 사람의 마음이다. 결국 외모는 가장 기초적인 마케팅 수단이라고 할 수 있다.

1
Chapter

외모가 경쟁력이 된 시대

경쟁이 더욱 치열해지면서 사회 생활을 성공적으로 시작하기 위한 경쟁력 제1순위로 외모가 새롭게 부상하고 있다. 사실, 외모가 경쟁력이 된 것은 어제오늘의 얘기는 아니다.

실제로 외모가 성적과 관련되어 있다는 연구 결과도 많다. 미국 텍사스대학교에서 미국 사회 남녀를 외모 기준으로 상·중·하로 구분하여 조사했다. 외모가 '상'인 사람은 외모가 '중'인 사람보다 소득이 5퍼센트 높았으며, '중'인 사람은 '하'인 사람보다 소득이 10퍼센트 높은 것으로 나타났다. 결국 얼굴 생김새, 몸무게, 신장 등이 취업과 보수에 상당한 영향을 미치는 것으로 나타난 것이다.

화술도 마찬가지다. 미국 한 기업에서 조사한 바에 의하면 CEO의 제1조건으로 화술을 꼽았다. 비단 미국뿐만이 아니다. 어느 나라에서나 화술은 비즈니스에서 성공의 가장 필요 조건으로 꼽힌다.

사실 외모나 화술은 어느 직업에나 해당되는 경쟁력이라고 할 수 있지만, 특히 영업이나 연예인 등의 직업에서는 무엇보다도 중요한 경쟁력이다. 변호사, 학원 강사 같은 직업에서도 외모와 화술은 매우 높은 경쟁력이 된다. 이것은 고객들이 그 사람의 내면이나 진실성은 나중이고, 우선 외모로 구매 결정이나 계약을 하는 현실을 반영한다고 볼 수 있다.

그런데 외모와 설득력이 직접적으로 관계없는 일반 사원들에게도 외모에 따라 임금의 차등이 생기는 이유는 무엇일까? 그것은 한마디로 자신감 때문이라고 볼 수 있다. 다시 말해 외모가 뛰어나고 화술이 좋은 사람들은 그렇지 않은 사람들보다 자신감이 강했던 것이다.

외모가 뛰어난 사람들은 어려서부터 주변 사람들에게 주목을 받고 호감을 느끼게 하면서 자신감이 형성된 것이다.

결론적으로, 경쟁력의 핵심은 자신감이다. 따라서 굳이 외모가 출중하지 않더라도 진지한 자세와 내면에서 우러나오는 자신감이 있으면 외모나 화술의 부족한 면을 채울 수 있다.

분명한 것은 경쟁력이 무엇이든 간에 자신감이 가장 필요하다는 점이다.

2
Chapter

자신을 어필해야 하는 시대

　오늘날, 우리는 많은 편견을 가지고 살아간다. 그리고 그 편견에 맞추려고 노력한다. 편견 중에서 가장 대표적인 것이 외모에 대한 편견이며, 그에 따라 외모 지상주의가 판을 치고 있다. 요즘 남녀 구분 없이 유행처럼 번지고 있는 성형수술을 통한 외모 가꾸기가 바로 이러한 세태의 반영이라고 볼 수 있다.

　이런 편견은 우리 사회 구석구석에 뿌리박혀서 취업부터 출세에 이르기까지 많은 영향을 미치고 있다. 이 편견은 한두 사람이 깨뜨릴 수 있는 성질의 것이 아니다. 아예 외모가 자산이 되고 실력이 되어버렸다. 이런 사회에서 우리가 아무리 외모가 아니라 능력이고, 실력이 제일이라고 부르짖은들 편견을 깨뜨리기란 쉽지 않은 일이다.

이런 편견을 극복하는 방법은 오히려 편견을 적극적으로 수용하는 것 즉, '사람은 겉모습을 보면 알 수 있다'는 의식을 받아들이는 것이다.

한편, 겉모습보다는 실력이 중요하다고 생각하는 사람들도 있다. 그들은 대체로 외모가 아닌 됨됨이로 사람을 판단해야 한다는 의식이 강하다. 그래서 외모에 그다지 신경을 쓰지 않는다. 그런데 이는 결국 외모에 자신이 없거나 자신을 어필하는 방법이 서투른 사람들이 갖는 또 다른 편견이라고도 말할 수 있다.

외모를 잘생기게, 아름답게 꾸미는 것에만 초점을 맞추는 외모 지상주의는 극복해야 하지만 자신을 어필하는 방법의 하나로 외모를 가꾸는 일은 어느 정도 고려해야 한다.

외모 지상주의로 외모만 중시하는 것도 문제지만, 이렇게 자신을 어필하지 못하는 것 또한 문제다. 특히 오늘날처럼 자기PR 시대에 말이다.

모든 실력을 갖추고 있고, 외모 또한 부족함이 없는 사람일지라도 자기를 어필하는 능력에 따라 그 인생 항로가 달라진다. 차근차근 실력을 쌓아서 다른 사람들에게 인정받겠다는 생각은 당장 집어치우는 것이 좋다. 이는 숨 가쁘게 변하는 현대 사회에 제대로 적응할 수 없는 사고방식이다.

능력 못지않게 외모가 중시되는 사회에서 '사람은 겉모습을 보면 알 수 있다'는 의식을 갖느냐 마느냐가 매우 중요하다. 겉모습을 보고 사람을 평가한다는 생각을 적극 수용하면 눈에 보이는 외모, 표정, 말하는 습관 등에 신경을 쓰게 된다.

설령 외모가 중요하다는 생각에 반대하는 사람이라도 경쟁이 치열한 현대 사회에서 살아남기 위해서는 의식적인 발상의 전환이 필요하다. 그렇지 않으면 긴 여정의 인생에서 생존하기가 너무 힘들어진다. 늘 자신의 외모 때문에 손해를 보게 된다.

고등학교 시절까지는 시험 성적이라는 수치로 능력을 평가받을 방법이 있었기 때문에 우리에게 겉모습은 특별히 중요하지 않았다. 하지만 수치로 평가하기 어려운 사회 생활에서는 실력 못지않게 중요한 것이 바로 '외모'다.

취직하고 싶은 회사에 두 사람이 동시에 필기시험을 통과했을 때, 또 같은 대학 출신이라고 했을 때, 면접에서 최종적으로 누가 뽑힐까? 회사 입장에서 볼 때, 이왕이면 다홍치마라고 외모가 수려한 사람을 뽑을 확률이 높지 않겠는가?

만일 외모에 신경을 쓰지 않는 사람이라면, 자신의 옷차림이나 이미지가 어떠한지 주위 사람들에게 한번 물어보는 것도 좋다. 얼굴 표정, 말투, 패션 등이 인간관계에 얼마나 크게 영향을 미치는지 알게 될 것이다.

그렇다고 외모가 제일이라고 말하는 것은 아니다. 외모가 뛰어나다고 해서 실력자로 인정받는 것도 아니다.

그러나 20대부터 외모의 중요성을 인식하고 외모를 가꾸는 노력을 게을리하지는 말아야 한다.

3
Chapter

단정함으로 무장하라

'단정함'이란 단순히 아름답고 깨끗해 보이는 것을 넘어 그 사람의 자세와 마음 상태까지 일컫는다고 앞에서 말했다. 용모나 옷차림이 중요한 이유도 그것이 상대방에게 가장 먼저 보인다는 데 있다.

가령 고객을 만나러 온 비즈니스맨이 빗질도 안 하고 고양이 세수나 겨우 하고 나왔다면, 그 사람은 이미 일할 마음의 태세가 갖추어지지 않은 것이라고 볼 수 있다. 군인이 전장에 나갈 때나 의사가 수술을 집도할 때는, 그 일을 수행하기에 가장 적합한 복장을 갖추어야 한다. 거기에는 옷차림뿐만 아니라 총이나 무전기, 청진기, 매스 같은 준비물도 당연히 포함될 것이다.

단정함도 습관이다. 우리도 경쟁이 치열한 21세기에서 살아남기 위해서는 목숨을 걸고 대륙을 달렸던 칭기즈칸 군대 이상의 단정함을 갖추어야 한다.

밤새 뭘 했는지 눈이 반쯤 감긴 채 하품만 연신 해대는 사람, 머리도 제대로 못 말리고 부스스한 얼굴로 나오는 사람, 소매 끝에 묵은 때가 얼룩덜룩한 채로 고객을 만나러 가는 사람, 침실인지 나이트클럽인지 분간이 안 되는 요상한 차림으로 나오는 사람……. 그런 사람들이 우리 주위에 얼마나 많은가? 그런 상태로 공부든 일이든 온전히 될까? 당연히 제대로 될 리 없다. 몸은 비록 학교나 직장에 있지만, 마음은 허공을 헤매고 다닐 것이다.

가까이하고 싶고 자주 만나고 싶은 사람들은 자신의 외모를 잘 가꾸는 단정한 이들이다. 시장에서 사과 한 알을 사더라도 좀 더 반듯한 모양에 좀 더 고운 빛깔의 것으로 고르는 게 사람의 마음이다. 결국 외모는 가장 기초적인 마케팅 수단이라고 할 수 있다.

몸은 마음을 컨트롤하고 형식은 내용을 지배한다. 정장을 입었을 때와 예비군복을 입었을 때의 남자들 모습을 떠올려보아라. 평소에는 단정했던 사람도 예비군복만 입으면 왠지 행동이 흐트러지고 껄렁(?)해진다. 여성들도 마찬가지다. 청바지를 입었을 때의 걸음걸이와 정장 차림일 때의 걸음걸이는 완전히 다르다. 유니폼을 입었을 때와 사복을 입었을 때, 마음가짐이나 기분이 매우 다르게 느껴지는 것은 당연하다.

오늘날 '외모 지상주의'라는 말이 흔히 쓰일 만큼 우리 사회의 외모에 대한 관심이 무척 뜨겁다. 원래 밥은 굶어도 의관은 잘 차려입던 우리 조상님의 핏줄을 이어받아서 그런지, 세계에서 둘째가라면 서러울 정도로 우리나라 사람들은 옷차림이나 용모 가꾸기에 투자를 많이 한다.

| 전략적인 포장이 필요하다 |

우리가 옷을 입는 건, 추위나 더위로부터 몸을 보호하기 위한 것만은 아니다. 자신만의 매력, 자신이 누구인지를 보여주는 1차적인 수단이 바로 옷이다.

모임에 갔는데 전부 빨간 드레스만 입고 있다고 생각해보자. 게다가 미스코리아 결선 진출자들처럼 하나같이 똑같은 머리 모양을 하고 나타났다면 어떨까? 아무리 멋진 드레스를 입고 아무리 멋진 헤어스타일을 하고 있어도 개성이 없으니 시선을 끌 수 없다. 이때 만약 누군가 단정한 검정 투피스에 긴 생머리를 늘어뜨리고 있다면 미모에 상관없이 가장 주목받을 것이다. 물론 극단적인 예지만, 여기서 말하고자 하는 요지는 개성 없고 천편일률적인 스타일은 일단 전략적으로 '실패'라는 것이다.

반대로 숨 가쁘게 돌아가는 치열한 비즈니스 현장에서, 잠옷인지 속옷인지 분간도 안 되는 레이스 원피스를 펄럭거린다거나, 나이트클럽에나 어울릴 법한 마이크로 미니스커트를 입고 보기에 민망할 정도로 허벅지를 훤히 드러내놓고 다닌다면, 누가 그녀에게 프로라고 할까? 과연 그 모습이 멋있어 보이거나 아름다워 보일까?

요컨대 무조건 예쁜 얼굴, 잘생긴 외모, 화려한 옷차림을 하라는 것이 아니다. 때와 장소, 자신의 신분, 개성에 맞는 전략적인 '포장'이 필요하다는 이야기다. 마케터의 시각에서 스스로의 '포장 상태'

를 판단해보라는 말이다.

상대를 평가하는 데는 시각적 이미지가 상당히 중요하다. 많은 사람의 머릿속에는 이미 일정한 이미지가 저장되어 있다. 넥타이를 맨 말끔한 정장 차림의 남자는 지적이고 능력 있다는 이미지가 떠오른다. 또한 깔끔한 무채색 정장 차림의 여성은 유능한 커리어우먼의 상징이다. 학생 시절에는 깔끔하고 단정한 차림이 가장 학생답고 예뻐 보인다. 많은 영화와 드라마를 보는 동안 우리는 알게 모르게 그런 이미지를 머릿속에 각인시켜 놓았는지도 모른다. 어쨌든 그런 연상 작용 때문에 우리는 어쩔 수 없이 첫눈에 얼굴 생김새, 헤어스타일, 옷차림 등으로 상대를 평가하게 되는 것이다.

그러므로 자신의 스타일이나 개성을 충분히 고려하되, 자신의 신분과 하는 일과 만나는 상대를 철저히 염두에 두고 '외모 가꾸기 전략'에 접근해야 한다. 하지만 너무 천편일률적이거나 구태의연한 스타일은 개성 없고 평범해 보일 수 있으므로 지양하는 게 좋다.

전혀 예상 밖의 파격적인 옷차림이 깊은 인상을 남기는 경우도 있었다. 예전에 청바지를 입고 출근하는 CEO가 나온 광고도 있었다. 작고한 스티브 잡스가 항상 청바지를 애용했던 사실을 떠올려보자. 요지는 티셔츠에 청바지 하나를 입더라도 '전략적'으로 입으라는 것이다. 오늘은 왜 이런 차림이 좋은지, 오늘 만날 상대에게는 어떤 인상으로 어필해야 할지, 다른 친구들에게 내가 어떻게 보일지, 이 스타일이 나를 더욱 돋보이게 해주는지 아닌지 등을 충분히 고려한 최선의 선택이어야 한다는 것이다. 걸음걸이나 자세, 말씨, 표정 등도 마찬가지다.

인정하든 안 하든 우리의 외모는 제품의 포장과 같아서, 타인이 우리를 선택하고 평가하는 데 많은 부분을 차지한다. 사람을 만나러 가는데 아무 생각 없이 대충 입고 나가는 사람은 총도 안 들고 전쟁터에 나가는 군인과 다를 바 없다. 그런 사람 치고 일 잘하는 사람, 성공하는 사람 못 봤다. 한 번 만나도 깊은 인상을 주는 사람, 가까이하고 싶고 또 만나고 싶은 사람으로 자신을 가꾸자. 그것이야말로 첫인상에서 일단 20점은 확보하고 들어갈 수 있는 경쟁력이다.

전장의 장수가 전투태세를 갖추듯, 응급실 의사가 어떤 상황에든 대처할 수 있도록 준비하듯, 이기는 습관을 가진 사람이라면 자신이 어떤 복장과 어떤 무기와 어떤 장비를 가지고 어떤 자세로 임해야 할지 명확히 짚어낼 수 있다.

4
Chapter

품격을 갖추라

성공하는 사람들의 공통점 중 하나가 품격이다. 급작스럽게 부를 얻은 졸부들을 제외하고, 노력하여 부자가 된 사람들은 하나같이 나름대로의 독특한 인품을 지니고 있다. 재벌 총수는 그만의 독특한 인품을 느끼게 하며, 스무 살도 안 된 세계적인 피아니스트 역시 자신만의 독특한 인품을 지니고 있다.

그렇다면 그들은 성공했기 때문에 인품을 지니게 된 것일까? 결코 아니다.

예전에는 수전노처럼 돈을 모아만 두면 부자가 될 수 있었지만, 지금은 무엇을 하든 평판이 좋지 않으면 돈을 벌 수 없다. 소문이 나쁘면 손님이 오지 않기 때문이다.

직장인도 마찬가지다. 자신의 일만 알고 자신의 이익만 챙기는 사람은 승진할 수 없다. 과거에는 실적이 좋고 윗사람의 비위를 잘 맞추면 성공할 수 있었으나, 지금은 다면 평가이기 때문에 품격이 없으면 인사고과에서 좋은 점수를 얻을 수 없다.

상사에게는 능력 있는 부하가 있어야 하고 부하에게는 인품 좋은 상사가 있어야 서로 발전할 수 있다. 동료에게도 괜찮은 사람이어야 하고 거래처한테도 좋은 평가를 받아야 한다.

어느 한 사람에게 아부하고 충성한다고 성공하는 시대는 지났다. 이제는 관계되는 모든 이에게 인정받는 사람이 되어야 한다. 그렇다면 어떻게 해야 모든 사람의 마음을 사로잡을 수 있을까? 가장 간단하면서 쉬운 방법은 품격 있는 사람이 되는 것이다.

품격 있는 사람은 좀처럼 욕을 먹지 않는다. 예술인이나 정치인, 또는 사업가로 성공한 사람들은 모두 품위가 있다. 품위 있는 사람에게 우리는 호감을 느낀다. 처음에는 경계를 하더라도 일단 호감을 갖게 되면 그 사람이 성공하기를 바라고 밀어주는 것이다.

품격은 하루아침에 생기는 것이 아니다. 20대부터 많은 교양을 쌓음으로써 가능한 것이다.

5
Chapter

내적 아름다움을 키우자

자기 얼굴에 책임을 지라는 말에 "부모에게 물려받은 얼굴을 어쩌란 말이냐? 성형수술이라도 하란 말이냐?" 하고 반박할 이가 있을지도 모르겠다.

오늘날 20대들은 남녀를 불문하고 모두 날마다 거울을 들여다본다. 20대 남자들 중에는 화장을 하거나 눈썹을 예쁘게 손질하는 젊은이들도 있다. 자신의 얼굴에 만족하지 못해 돈만 생기면 어디를 고쳐야겠다는 생각부터 하는 20대도 있다.

그런데 내가 말하고자 하는 것은 '얼굴 윤곽이 예쁜' 미인에 관한 것이 아니다. 물론 호남이거나 미인이면 세상을 사는 데 도움이 된다. 그것은 분명한 사실이다. 하지만 이 파트의 테마는 그것과는 약간 다르다. 조금이라도 친근감이 있는, 부드럽고 온화한 얼굴이 되자는 것이다. 심술궂고 짜증스런 표정으로 가득한 얼굴은 곤란하나는 것을 말하고 싶은 것이다.

얼굴의 기본적인 윤곽은 대개 유전에 의해 정해진다. 그러나 표정, 눈짓, 얼굴 전체에서 발하는 빛 같은, 그 사람에게서만 특별히 풍기는 분위기는 인격에 의해 만들어지는 것이다.

예컨대, 조직 폭력배를 생각해보자. 그들은 가까이 가기에도 무서운 눈초리를 하고 있다. 그건 평소의 언행으로 얻어진 결과일 것이다. 살인을 많이 하면 눈의 동공이 작아진다고 하는 설이 있다. 그래서 눈초리가 날카롭게 보이는지도 모른다.

| 내적 아름다움을 가꾸어라 |

어쨌든 외모 지상주의가 판치는 오늘날, 대부분의 사람은 겉모습을 가꾸는 데에만 신경을 쓴다. 여성들이 화장을 하는 것도 겉모습을 아름답게 만들기 위해서다. 20대 여성 중에도 항상 거울을 마주하고 노려보거나 눈썹 모양을 예쁘게 만들려고 하나씩 뽑는 사람들이 있을 것이다. 그러나 이런 외면적인 얼굴은 사람을 빛나게 하는 매력이 없다.

이제는 내면에서 풍기는 분위기로 만들어진 얼굴을 생각해야 한다. 내면적인 아름다움을 지니기란 참으로 어렵다. 내면의 성숙은 화장과는 달리 눈에 띄게 드러나는 경우가 매우 적다. 공부를 많이 했다고 해서 금방 영리해 보이지 않는 것처럼 말이다.

하지만 멋진 삶을 영위하는 사람의 표정은 어딘가 다르다. 눈빛을 보면 알 수 있다.

　만족스런 삶을 향유하고 있거나 희망을 갖고 적극적으로 살아가는 사람들의 눈동자는 반짝반짝 빛이 나게 마련이다.

6
Chapter

때와 장소에 어울리는 표정을 하라

매너가 아무리 좋은 사람도 자기 기분을 외면한 채 항상 상대방을 배려하기란 쉽지 않다. 그러나 시간, 장소, 상황에 맞게 표정을 연출할 줄 알아야 상대방에게 호감을 살 수 있으며, 더 나아가 멋진 만남의 관계로 발전하고 유지할 수 있다.

주위 환경과 상황에 맞는 표정을 짓기란 쉬운 듯하면서도 어렵다. 하지만 '적을 알고 나를 알면 백전백승'이라는 말이 있다. 특별한 경우를 제외하고 언제 어디서나 어떤 상황에서도 어울리는, '표정의 여왕' 스마일을 기본으로 삼고 몇 가지 짓지 말아야 할 표정만 기억해도 표정 관리가 훨씬 쉬워질 것이다.

첫 번째 짓지 말아야 할 표정은 포커페이스, 즉 무표정이다.

두 번째는 아무 생각 없는 듯한 멍한 표정이다. 흔히 넋이 나갔다고 하는 이 표정은 상대방에게 오해를 살 수 있을 뿐만 아니라 무기력한 사람이라는 인상을 준다. 의심스럽게 쳐다보거나 민망할 정도로 뚫어지게 쳐다보는 것도 금물이다.

다음으로 눈이 마주쳤을 때 바로 피하는 경우가 많은데 이것도 좋지 않다. 또 대화를 할 때 아무 감정 없어 보이는 무덤덤한 표정과 곁눈질로 내려다보거나 훔쳐보는 것도 삼가야 한다.

마지막으로 우리가 자칫 놓치기 쉬운 표정의 주요 포인트는 건방지게 보이거나 자신감 없는 표정이다. 이것은 정말 주의해야 한다.

표정을 지을 때 특히 다음 사항에 유의해야 한다.

첫째, 상황과 상대에 맞는 표정을 짓고 있는가?
둘째, 턱을 너무 들고 있거나 당기고 있지는 않는가?
셋째, 고개를 한쪽으로 기울이고 있지는 않는가?

Part 3

자신의 정체를
바로 알고
매력을 진단하라

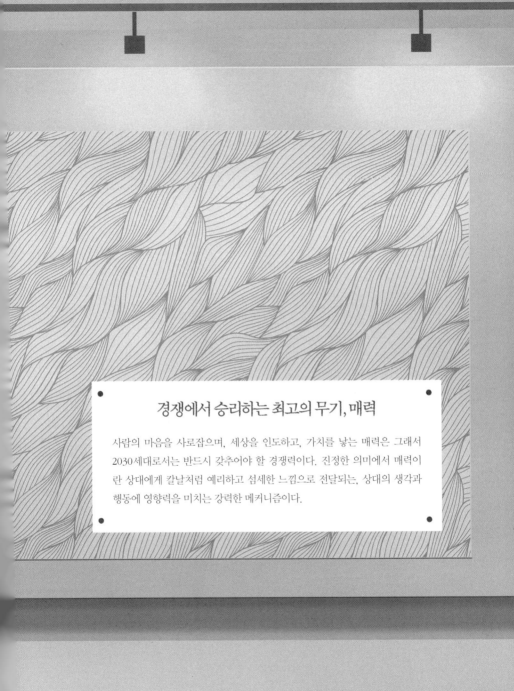

경쟁에서 승리하는 최고의 무기, 매력

사람의 마음을 사로잡으며, 세상을 인도하고, 가치를 낳는 매력은 그래서 2030세대로서는 반드시 갖추어야 할 경쟁력이다. 진정한 의미에서 매력이란 상대에게 칼날처럼 예리하고 섬세한 느낌으로 전달되는, 상대의 생각과 행동에 영향력을 미치는 강력한 메커니즘이다.

1
Chapter

지속적인 매력의 조건

사람들의 사랑을 받고 인기를 끄는 제품에는 독특한 무언가가 있다. 이는 다른 제품에서 찾아볼 수 없는 그 무엇으로, 단순한 차별화를 넘어서는 무기 같은 것이며, 곧 그 제품만의 매력이다. 이것 없이 시장에 나가는 제품은 경쟁에서 패하여 모조리 반품이라는 숙명을 안고 패잔병이 되어 돌아온다. 비단 제품만이 아니다. 사람도 마찬가지다. 그래서 자신의 정체를 알고 매력을 진단하는 일은 인생 항로에서 그 무엇보다 우선되어야 한다.

스스로에게 물어라.

나의 매력은 어떤 것인가? 그 매력은 강한 것인가, 약한 것인가?
현재적 매력은 무엇이고 잠재적 매력은 무엇인가?

자신의 정체를 바로 알고 매력을 진단하라

이를 쉽게 알아보는 방법이 있다. 배우자, 친구, 상사에게 물어보는 것이다. 상대방이 나의 어떤 점에 매력을 느끼는지를 주목하면 답이 나온다. 매력의 평가자는 내가 아니고 타인이기 때문이다.

질문을 통한 확인보다 명확하고 객관적으로 매력지수를 판단하는 방법도 있다. 경영학에서 쓰는 마케팅 분석기법의 하나인 SWOT(강점strength, 약점weakness, 기회opportunity, 위협threat 요인) 분석을 통해 자신의 매력지수를 측정해보는 것이다. 다시 말해, 매력 측면에서 나의 강점과 약점을 찾아내고 외부 환경에서의 기회와 위협 요인을 분석하여 이를 매트릭스화하면 된다. 이것을 통하면 시대의 흐름을 반영한 나의 최강 매력 전략을 수립할 수 있다.

2
Chapter

매력을 만들어내는 방법

매력은 크게 내적 매력과 외적 매력으로 나눌 수 있다. 내적 매력은 눈에 보이지 않는 매력으로 영성, 철학, 가치관, 지식, 문화, 정신적 유산 등을 통해 발현된다. 외적 매력은 눈에 보이는 매력이며 심미성, 우아함, 건강미, 패션, 섹시함, 자세 등으로 표출된다. 이 두 가지 중에서 자신의 강점 부분을 강화시키는 것도 좋고, 둘을 조화롭게 통합하여 상승효과를 낼 수 있다면 더욱 좋다. 단순한 통합이 아니라 서로 상승적일 때 매력은 극대화된다.

따라서 통합된 매력 이미지를 선정하는 것이 중요하다. 먼저 나의 내적 매력 요소와 외적 매력 요소를 잘 찾아낸 후에 이를 바탕으로 이미지를 설정할 수도 있고, 먼저 내가 원하는 이미지를 설정한 후 그에 어울리는 매력 요소를 찾아낼 수도 있다.

자신의 정체를 바로 알고 매력을 진단하라

인간이 추구하는 본원적 매력 또한 우리 각자가 갖고 있는 매력을 스스로 발견하는 또 하나의 길을 열어준다.

본원적 매력은 보통 '진·선·미'에서 찾는다. 진은 진리, 진실, 정의와 연결된다. 선은 윤리, 도덕, 선함을 내포한다. 미는 심미성, 패션, 디자인, 예술과 직결된다. 이 같은 진·선·미는 다시 '지·덕·체'에 의해 뒷받침된다. 본원적 매력이 구현되려면 지·덕·체라는 자양분이 필수적이라는 말이다. 지성미가 곧 지의 매력이고, 선행은 덕의 매력, '몸짱'이나 'S라인'은 체의 매력이다. 인간이 본원적으로 추구하는 진·선·미와 지·덕·체를 통한 매력의 발견과 창출이야말로 가장 바람직한 방법이다.

좀 더 실용적인 매력 창출법으로 벤치마킹이 있다. 벤치마킹이란 창조적 모방 또는 모방을 통한 창조를 말한다. '매력적 존재들의 유형 분류, 추구 모델 선정, 매력 요인 분석, 매력 연출력 개발과 창조적 모방, 그리고 나만의 목표 설정'이라는 과정을 거치면 원하는 성과를 거둘 수 있다. 실제로 클린턴 대통령은 케네디 대통령을 벤치마킹했고 그의 걸음걸이와 몸짓, 연설방식까지 창조적으로 모방하여 정상에 올랐다. 오바마 대통령은 케네디와 클린턴의 외적 매력을, 그리고 링컨 대통령과 마틴 루터 킹 목사의 내적 매력을 벤치마킹 대상으로 삼아 성공한 케이스다.

SWOT 분석 방법을 활용하여 매력을 창출하는 것도 하나의 방법이 될 수 있다. 이 방법은 앞 장에서 설명한 바 있다.

이외에도 나의 매력을 창출하는 다양한 방법이 있다. 내가 원하는 매력은 무엇인가? 내가 가진 매력 요인은 무엇인가? 이런 것들을 모두 찾아내어 열거하고 재정리하는 방법, 주위 사람들에게 솔직하고 진지한 조언을 듣는 방법, 심리학자나 이미지 컨설턴트 같은 전문가에게 자문을 구하는 것도 좋은 방법이다.

| 매력을 연출할 줄 알라 |

나만의 매력 요소를 찾아내 이를 창출한 다음에는 매력을 연출할 줄 알아야 한다. 연출력이란 생명을 불어넣고 활성화하여 작품의 완성도를 높이는 것이다. 방송국에서 프로듀서가 하는 역할과 같다. 매력의 평가자는 내가 아니라 상대방이다. 상대방이 호감을 느낄 수 있도록, 감동할 수 있도록, 오랫동안 뇌리에 남을 수 있도록 연출해야 한다.

물론 별다른 연출 없이도 매력이 배어나오는 사람도 있다. 바로 테레사 수녀 같은 분이다. 이분의 영적 매력은 연출되었다고 생각할 수 없다.

하지만 대부분의 매력은 연출 단계를 거쳐 극대화된다. 케네디의 매력도, 오바마의 매력도 연출된 것이다. 그들은 자신의 실력과 내실에 매력을 입힘으로써 미국인의 마음을 완전히 사로잡았다.

매력 창조에는 연출력 못지않게 중요한 것이 있다. 바로 매력적이지 못한 부분을 제거하는 것이다. 예를 들어 외모는 출중하지만 지성미가 없다든가, 집안도 좋고 학벌도 좋지만 버릇이 없다든가, 논리적이고 빈틈이 없지만 성격이 까칠하다면, 누가 그에게 호감을 가지겠는가.

'옥에 티'라는 말이 있다. 티가 있어도 옥은 옥이겠지만 티가 눈에 띄면 가치가 떨어지는 건 기정사실이다. 화장을 하는 이유도 다르지 않다. 일차적으로는 아름다움을 강조하고자 하는 행위지만 티를 가리려는 목적도 그에 못지않다. 아이라인을 그리고 속눈썹을 붙임과 동시에 없애고 싶은 요소인 주름이나 기미를 감쪽같이 감춘다. 아예 성형수술로 점을 빼거나 주름을 펴기도 한다. 모두 다 반매력 요소를 제거하기 위한 것이다.

3
Chapter

경쟁력이 되는 내적 매력 열 가지

사람의 마음을 사로잡으며, 세상을 인도하고, 가치를 낳는 매력은 그래서 2030세대로서는 반드시 갖추어야 할 경쟁력이다.

매력에는 외적 매력과 내적 매력이 있다. 외적 매력은 외모나 호감을 갖게 하는 미소 등을 들 수 있고, 내적 매력으로는 인격과 품성을 들 수 있다.

내적 매력에는 여러 가지가 있겠으나, 대표적인 것은 다음의 열 가지다.

① 꿈

꿈은 현재의 어려운 상황을 극복할 수 있는 힘의 원천이 된다. 꿈이 있으면 삶에 생기가 돈다. 대표적인 인물로 우리나라 양궁

대표선수 기보배를 들 수 있다. 그녀는 어려서부터 양궁으로 세계를 제패하겠다는 꿈을 키워왔으며 마침내 그 꿈을 이루어냈다.

② 상상력

상상력은 현실을 바꾸는 강력한 힘이 된다. 스티브 잡스의 상상력이 없었다면 오늘의 아이폰은 존재하지 않았을 것이다.

③ 도전

도전은 불가능해 보이는 것을 가능하게 하려는 추구의 정신이기에 더욱 빛나 보인다. 도저히 불가능하다고 손가락질하는 것을 무릅쓰고 과감히 도전한 콜럼버스 덕분에 오늘의 미국이 존재하게 되었다.

④ 열정

열정은 성공으로 인도하는 에너지다. 이것 없이는 성공할 수 없다. 이해찬 NHN 사장의 도전정신 덕분에 오늘날 전 세계가 그가 만든 셋톱박스를 쓰고 있다.

⑤ 끼

끼는 남다른 매력을 발산하는 근본이 된다. 싸이의 끼는 전 세계가 그의 춤에 폭발적인 반응을 보이게 만들었다.

⑥ 젊음

젊음은 그 자체만으로도 아름답고 매력적이다. 젊음 속에는 무한한 가능성이 있기 때문에 더욱 가치가 높다. 톰 크루즈의 젊음은 항상 젊은이의 우상이 되고 있다.

⑦ 심미안

심미안은 미를 볼 줄 아는 안목을 말한다. 남다른 심미안을 가졌을 때 독특한 디자인이나 아름다움을 연출할 수 있다. 삼성전자의 디자인은 남다른 심미안을 가진 디자이너를 통해 구현되었다.

⑧ 창조력

창조력은 이 시대의 커다란 무기다. 창조력이 없으면 시대를 앞서지 못한다. 삼성전자의 스마트폰은 날로 새로운 기술과 디자인으로 창조되고 있다.

⑨ 관용

적을 포용하는 관대함 없이는 이 시대의 진정한 리더가 될 수 없다. 오바마는 경쟁자였던 힐러리를 국무장관에 임명하였다.

⑩ 배려

남을 이해하고 배려할 줄 아는 자가 존경받으며, 그런 인물이 모든 사람을 지배할 수 있다.

흔히 매력적이라고 하는 사람들은 거의가 부드럽고 온화하며, 겸손하고 편안함을 준다. 그리고 무엇보다도 진심으로 남을 대하며, 인간적인 깊이와 인격으로 상대방의 마음을 사로잡는다.

4
Chapter

매력으로 얻을 수 있는 세 가지 가치

매력이란 무엇을 말할까? 매력이라는 단어에는 '신비한 이끌림 현상'이라는 뜻이 있다. 즉, 매력은 사람의 마음을 사로잡아 이끄는 힘을 의미한다.

진정한 의미에서 매력이란 상대에게 칼날처럼 예리하고 섬세한 느낌으로 전달되는, 상대의 생각과 행동에 영향력을 미치는 강력한 메커니즘이다. 따라서 경쟁력을 높이기 위해서는 매력의 가치를 인정하고 매력 있는 사람이 되도록 노력해야 한다.

매력은 사랑과 비즈니스에서 자신의 가치를 판단하는 경쟁도구로, 궁극적으로는 우리의 삶을 윤택하게 만들어주는 행복 기폭제 역할을 한다.

그럼 매력으로 얻을 수 있는 가치에는 어떤 것이 있을까?

① 정신적 가치

매력을 추구하는 것은 상대를 의식하는 데서 출발하지만 실제는 자신을 위한 것이다. 상대에게 매력 있는 사람으로 인정받는 순간부터 자신감과 행복감을 갖게 되고, 외적인 매력을 쌓을 때마다 긍정적이고 적극적인 성격으로 변한다. 그래서 외적인 매력이 업그레이드될 때마다 더 큰 자신감이 생긴다.

② 사회적 가치

인간은 사회적 존재다. 개인의 매력은 사회성과 밀접한 관계가 있다. 따라서 매력의 정도에 따라 만남의 지속 여부가 결정된다. 매력을 통해 얻어지는 사회적 가치는 우리가 생각하는 것보다 훨씬 더 크다. 매력 있는 사람에게는 상대적으로 좋은 사람을 만날 기회가 많이 주어진다. 따라서 다양한 인맥을 쌓을 수 있고 나날이 사회성이 좋아진다. 또한 경쟁에서 유리한 위치에 서게 된다.

③ 경제적 가치

경제적인 효과를 높이기 위해 당신은 매력 있는 사람이 되어야 한다. 비즈니스에서 매력적인 존재로 어필되면 좋은 결과를 올릴 확률이 높아진다. 반대로 매력이 없다면 실적을 올릴 기회를 놓칠 확률이 높다. 따라서 비즈니스에서나 경쟁에서 이기기 위해서는 매력적인 사람이 되어야 한다.

매력과 경제는 서로 떼어내려야 뗄 수 없는 연관성이 있다. 매력이 있는 사람은 더욱 매력 있어지고, 매력 없는 사람은 늘 매력이 없는 식이다. 그리고 저축통장에 돈이 불어나듯 매력을 쌓을수록 더욱 매력 있는 사람이 된다. 매력은 그만큼 부가가치가 높다. 돈을 벌기 위해 시간과 노력을 투자하기 전에 자신의 매력에 투자해야 한다. 경제적 투자에는 손실이라는 위험이 따르지만 매력을 위한 투자에는 손실이란 있을 수 없다. 매력을 위한 투자만큼 확실한 투자는 없다.

5
Chapter

외모보다 더 경쟁력 높은 매력

비슷한 스펙이면 인상 좋은 사람이 호감도가 높고, 직장이나 비즈니스에서 유리하다. 개인의 외모는 첫 만남에서 다음 만남으로 이어지게 하는 중요한 역할을 한다.

첫인상에서 외모가 차지하는 비율이 80퍼센트라고 하니, 외모가 첫 만남에서 중요한 역할을 하는 것은 확실하다. 즉, 눈으로 즉각 알 수 있는 외모가 매력의 절대적 기준이 되는 것이다.

그렇다고 외모가 뛰어나다고 해서 매력 있는 사람이라는 말은 아니다. 물론 감각을 자극하는 문화가 주류를 이루고 있는 이 시대에 뛰어난 외모는 그 자체만으로도 매력으로 작용한다. 하지만 외모만으로 이루어진 매력은 그 수명이 짧다는 데 문제가 있다. 단지 외모뿐인 매력은 만남이 잦아질수록 그 수명이 다하여 빛바랜다. 외모가 빛을 발하는 시간은 길어야 몇 시간이다.

외적인 외모만으로는 삶의 질을 높일 수 없다. 잘생긴 외모는 매력을 재는 하나의 잣대일 뿐 경쟁에서 이기는 절대적인 무기는 될 수 없다. 따라서 매력 있는 사람이 되기 위해 외모만 가꾸겠다는 생각을 갖고 있다면 그 생각은 버려야 한다. 지성 등을 비롯한 내적 매력을 갖추었을 때에 비로소 매력이 제대로 발산된다.

그런데 때로는 인성과 지성, 외적 매력과 내적 매력을 모두 갖추었음에도 불구하고 자신을 표현하는 능력이 부족하여 전혀 매력이 없는 사람으로 보이기도 한다. 내적 매력은 외적 요소이자 시각적 이미지인 외모와 청각적 이미지인 목소리에 의해서 표출된다. 따라서 외적 매력과 내적 매력, 이 두 가지 요소의 조화가 정말로 중요하다.

매력은 자신의 의지와 노력으로 얼마든지 개발할 수 있다. 밝은 표정, 분위기 있는 화장, 멋진 패션 감각, 세련된 매너, 뛰어난 화술 등으로 비즈니스에서 상대를 얼마든지 사로잡을 수 있다.

경쟁력 있는 2030세대가 되고 싶다면 자신만의 뚜렷한 이미지를 갖추지 못하고 존재감 없는 젊은이로 살아가기보다는 매력 있는 사람이라는 개인의 브랜드와 이미지를 구축하여 자신의 부가가치를 높일 수 있어야 한다.

치열한 경쟁에서 살아남기 위해서는 나의 개성을 부각시키고 매력을 업그레이드하는 과정이 필요하다. 매력을 업그레이드하라는 말을 너무 어렵게 해석할 필요는 없다. 매일 나의 표정과 외모가 상대에게 어떻게 보일지, 목소리와 발음이 상대에게 어떻게 들릴지 생각하면 된다.

　매력이 이 시대를 살아가는 데 얼마만큼 경쟁력이 큰지를 아는 순간 당신은 매력 있는 사람으로 변하기 시작할 것이다. 이제는 외모보다 매력이 더 중요한 시대가 된 것이다.

6
Chapter

매력이 성공을 좌우한다

"성공을 좌우하는 결정적인 조건은 지능이나 학벌 혹은 운이 아니라 매력이다."

세계적으로 유명한 심리학자 대니얼 카너먼 교수의 말이다. 그는 2002년 노벨경제학상을 탄 학자로, 성공의 메커니즘을 매력으로 보았다. 세계적 권위를 자랑하는 노벨상을 탄 그의 말이기에 더욱 의미심장하게 들린다.

굳이 그가 그렇게 말해서가 아니라 21세기에 성공의 중요한 요인으로 매력이 새삼스럽게 떠오르고 있다.

매력은 자석처럼 사람을 끌어들이는 힘이 있다. 그것은 한 개인의 표정과 몸짓 등 여러 가지 경로를 통해 상대에게 고스란히 전달된다. 그리하여 상대로 하여금 호감과 믿음을 갖고 다가오게 하는 것이다.

매력은 우리가 눈으로 확인할 수는 없지만, 상대의 감정과 태도를 조절하는 엄청난 힘을 가지고 있다. 이러한 점에서 매력은 상대를 설득하는 가장 좋은 무기가 되는 것이다. 따라서 매력 없는 사람은 상대를 설득하기 힘들뿐더러 자신의 이야기에 주목조차 시키지 못한다.

아무리 뛰어난 논리와 주장을 가지고 상대에게 전달하려고 하여도 그 논리와 주장을 상대가 인식하지 못하면 전혀 소용이 없다. 하지만 매력으로 어필할 수 있는 이미지만 갖추어도 충분히 상대를 설득할 수 있다. 세련된 매너와 태도를 갖추고 감동을 주는 대화를 할 수 있다면 당신의 설득력은 점점 힘을 지니게 된다.

따라서 당신이 어떤 업종에 종사하든 그 업종에서 성공하려면 일단 매력으로 무장해야 한다. 일을 성사시키는 모든 과정에서 부하나 동료에게 자신의 생각을 전달하거나 납득시키지 않고는 혼자 어떤 일도 해낼 수 없다. 이런 과정에서 남을 설득시키는 데 매력만큼 중요한 힘이 되는 것은 없다.

어떤 사람은 자신의 외모나 스펙을 강조하며 매력 따위는 신경 쓰지 않는다고 큰소리친다. 그러나 매력은 선천적이기보다는 후천적으로 만들어지는 것이므로 자신에게 잠재되어 있는 긍정적 이미지를 발견하고 개발하는 과정을 통해서 충분히 쌓을 수 있다. 성공과 실패가 개인의 의지와 노력에 의해 좌우되듯 매력 또한 자신의 의지와 노력에 따라 얻어진다.

오직 나 자신만이 나의 매력을 연마할 수 있다. 그리고 매력적인 이미지 구축이야말로 치열한 경쟁 사회에서 살아남을 수 있는 최선의 방법이다.

　매력은 황금보다 귀하고 가치 있는 보물이다. 내 안에 감추어져 있는 이런 보물을 발견하자. 그리고 그 보물을 캐내어 갈고닦자. 그리하여 그 보물을 경쟁에서 이기는 최고의 무기로 만들자.

7
Chapter

당당하고 자유로운 사람이 되라

'얼짱', '몸짱'이라는 단어는 이제 우리에게 매우 익숙해졌다. 그것도 부족하여 '꿀벅지', '베이글녀' 등 외모에 관한 신조어가 하루가 멀다 하고 생겨나고 있다. 그만큼 누구에게나 외모가 주요 관심사로 떠오른 것이다.

외모 지상주의 흐름에 크나큰 역할을 한 요인으로 성형수술의 발전을 들 수 있다. 옛날처럼 생긴 대로, 부모님으로부터 물려받은 대로 사는 것이 아니라 후천적으로 얼굴과 몸매를 만들어 외모에 대한 지상주의를 부추기고 있다. 이제 예쁜 얼굴이나 S라인 몸매는 연예인만의 전유물이 아니다. 성형외과 의사들은 돈만 가져오면 누구든 미스코리아 뺨칠 정도로 예쁘게 만들 수 있다고 부추긴다. 성형수술이 대중화되면서 새로운 문화상으로 자리를 잡아가고 있는 것이다.

외모 지상주의라는 말은 신조어지만 사실, 그러한 문화는 인류의 시작과 함께해왔다. 성경에도 '사람을 외모로 보지 마라'는 구절이 나오는데, 이것은 곧 그 시대 이전부터 외모 지상주의가 존재했음을 단적으로 말해주는 것이다.

외모는 개인의 의지나 선택이 아님에도 불구하고 외모 때문에 차별대우를 받는 것은, 억울할 정도가 아니라 비인간적이라고 할 수 있다.

오늘날 외모는 과거처럼 타고난 그대로 받아들이는 것이 아니라 개인의 후천적인 노력에 의해서 얼마든지 그 지수를 높일 수 있다. 따라서 타고난 외모가 그리 탐탁지 않아도 외모를 개선시키고 매력을 충분히 업그레이드할 수 있다.

현대를 살아가는 젊은이들은 외모 지상주의에 지나치게 얽매이지 말고 당당하고 자유로울 필요가 있다. 자신의 의지로 충분히 외모 지수를 높일 수 있으니까 말이다.

외모 지상주의가 만연한 현실에서 외모로부터 자유로울 수 없는 것이 오늘날의 현실이다. 물론 못생긴 얼굴, 짧은 다리가 첫인상에서는 마이너스 이미지가 될 수 있다. 그러나 매력은 결코 육체적 이미지만으로 결정되는 것이 아니다. 세련된 패션 감각, 표정, 매너, 말투, 내면의 열정 등이 외적 결점을 커버할 수 있는 매력 요소로 작용한다는 점을 기억하자.

Part 4

인맥 통장에
사람을
저축하라

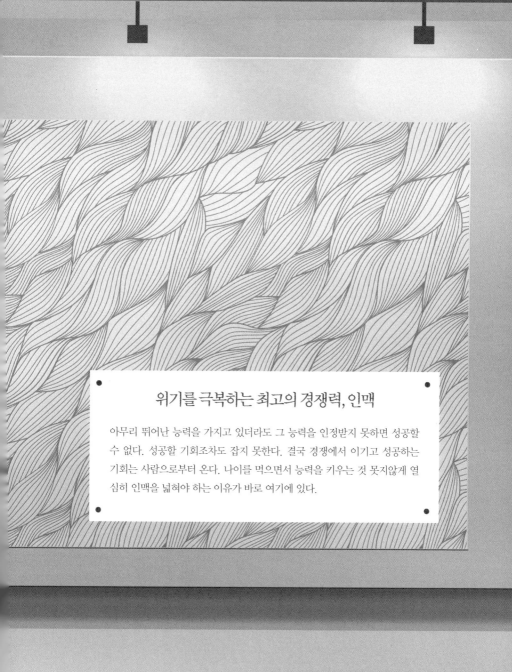

위기를 극복하는 최고의 경쟁력, 인맥

아무리 뛰어난 능력을 가지고 있더라도 그 능력을 인정받지 못하면 성공할
수 없다. 성공할 기회조차도 잡지 못한다. 결국 경쟁에서 이기고 성공하는
기회는 사람으로부터 온다. 나이를 먹으면서 능력을 키우는 것 못지않게 열
심히 인맥을 넓혀야 하는 이유가 바로 여기에 있다.

1

스펙보다 중요한 인성

　오늘날 우리나라 20대는 취직이라는 경쟁에서 이기기 위해 스펙에 '올인'하고 있다. 물론 낙타가 바늘구멍을 통과하는 것보다 더 힘든 취직의 현실을 이겨내려니 스펙 하나라도 더 쌓으려고 하는 것은 당연하다.

　20대의 무기는 무한한 잠재력과 가능성이다. 그런데 스펙을 쌓는 것만으로 치열한 경쟁에서 이길 수 있을까? 분명 스펙보다 더 중요한 것이 있다.

　얼마 전, 대한상공회의소가 전국 400개 기업들의 인사담당자들을 상대로 조사한 바에 의하면 직원을 뽑을 때 스펙보다는 인성을 중요시하는 것으로 나타났다.

　스펙에 해당하는 경력과 전공을 보는 기업은 36.5퍼센트에 그친

반면, 인성에 해당하는 성숙성과 조직 적응력을 보는 기업은 63.1퍼센트로 나타났다. 이 조사는 스펙만 쌓으면 취직이 될 것이라고 생각하는 젊은이들에게는 다소 충격적일 수 있다.

스펙과 직장에서 일 잘하는 것과는 별개다. 즉, 스펙보다는 인성이 더 중요하기에 인성을 파악하기 위해서 심층면접을 하고, 짧게는 몇 시간, 길게는 며칠을 함께하면서 점수를 매기는 것이다.

그렇다면 인성이란 무엇일까? 인성이란 사람들과 함께할 수 있는 능력이다. 사람들과 원만한 관계를 이루면서 협조하며 일하는 능력, 적극적으로 일하면서 사람들을 리드하는 능력, 그리고 책임감을 갖고 끝까지 그 일을 해내는 능력을 말한다.

인성은 공부를 통해서 향상되는 것이 아니다. 사람을 통해서 배우게 되고, 향상된다. 사람들과 부딪치면서 참는 법, 양보하는 법도 익히고 적을 내 편으로 만드는 법도 배우게 된다. 신입사원을 뽑을 때 동호회나 봉사 활동을 중요시하는 것도 바로 이런 이유다.

이제 스펙만 바라보던 시선을 돌려야 한다. 스펙은 기본만 갖추면 충분하다. 사람을 좇고, 사람들과 부딪치며 사회와 인성을 경험함으로써 20대의 잠재력과 가능성을 높일 수 있다.

🔫 | 스펙과 경험, 두 가지를 잡아라 |

스펙보다는 경험이 더 중요하다고 생각하는 20대들도 있다. 이런 20대들은 이분법적 사고방식을 가지고 있다.

그런데 이들은 스펙을 쌓으면서 경험도 할 수 있는 길이 있음을 모른다. 스펙 쌓으면서 다양한 경험을 하는 방법의 하나로 인턴제를 들 수 있다. 오늘날, 대기업부터 정부기관에 이르기까지 인턴제를 도입하고 있다. 이런 인턴제를 활용하면 다양한 방면에서 스펙도 쌓고 여러 가지 경험도 할 수 있다.

어학연수도 하나의 방법이다. 어학연수를 할 경우 굳이 경비가 많이 드는 유럽이나 미국이 아니라 필리핀 같은 영어 사용 국가를 택하면 좋다. 어학연수도 괜찮은 방법이지만, 필리핀으로 가서 호텔 등의 직장을 얻어 외국인과 함께 일하면 어학연수가 자연스럽게 이루어진다. 일에 대한 경험도 할 수 있으니 일석이조의 효과라고 하겠다.

찾아보면 스펙을 쌓으면서 사람 경험, 일 경험을 할 기회는 얼마든지 발견할 수 있다.

2
Chapter

20대의 자산은 친구다

　20대의 자산은 경제적 부와 사회적 성취가 아니다. 20대의 중요한 자산은 바로 '친구'다. 아직 취직을 못해 경제적으로 어려움을 겪는 것은 그렇게 큰 문제가 아니다. 그러나 친구가 없다는 것은 심각한 문제다. 20대에 만난 친구는 평생 함께할 수 있는 소중한 자산이기 때문이다.

　물론 30대나 40대에도 친구를 사귈 수 있다. 그러나 이해관계에 따라 만나고 헤어지는 친구와 이해관계를 초월한 순수한 20대에 만난 친구와는 근본적으로 다르다.

| 20대 친구는 복리 통장과도 같다 |

복리는 원금에 이자만 붙는 단리와 달리 이자에도 이자가 붙는다. 따라서 복리 통장은 시간이 지날수록 돈이 눈덩이처럼 불어난다. 하지만 복리의 효과를 보려면 시간이 필요하다. 즉, 5년 내지 7년이 지나야 복리의 효과를 실감할 수 있다. 10년, 20년 시간이 지날수록 복리 효과는 점점 극대화된다.

20대는 30대, 40대가 갖지 못한 시간을 가지고 있다. 20대에는 돈은 비록 많지 않더라도 돈을 불릴 시간은 충분하다. 그래서 20대에 복리 통장을 만들어놓고 조금씩이라도 꾸준히 저축하면 10년, 20년이 지난 후에는 큰돈이 된다. 이 통장은 여생을 편안하게 해주는 역할을 한다.

같은 맥락으로, 20대 친구는 복리 통장과도 같다. 사람을 만나 인연을 키우는 과정은 복리 통장과 비슷하다. 함께한 세월이 길어질수록 인연이 깊어지고 든든한 지원군으로 자리 잡는다. 20대에 만난 친구가 평생 가는 것도 복리 통장처럼 오랜 세월 함께하면서 우정을 발전시키기 때문이다.

20대에 가장 필요한 것은 복리 통장보다 '친구'다. 돈을 저축하는 것보다 사람, 즉 친구에게 저축하는 일은 20대 때 아주 쉽다. 이해관계를 떠나 자유롭게 만날 수 있는 나이이므로 마음만 먹으면 얼마든지 친구를 많이 저축할 수 있다.

사람 통장은 아무리 써도 줄지 않는다. 오히려 더 불어난다. 어려운 상황에 처했을 때 친구에게 도움을 청해보라. 친구는 돕고 싶으나 자신의 능력으로 도울 수 없으면 인맥을 동원해서라도 어떻게든 도와준다.

| 사람 통장은 스스로 진화한다 |

20대에 차곡차곡 저축해둔 사람 통장의 친구가 10년 또는 20년 후에는 어떻게 변할지 모른다.

돈을 저축하는 복리 통장은 정직하다. 저축한 원금에 정해진 이율에 따라 이자가 붙는다. 복리든 단리든, 이자를 계산해보면 10년 후, 20년 후 통장에 얼마의 돈이 저축되어 있을지 알 수 있다.

그러나 사람 통장은 다르다. 시간이 지날수록 사람이 만들어내는 가치는 기하급수적으로 불어나는 게 확실하지만, 구체적 내용은 모른다. 사람 통장에 들어 있는 친구가 어떻게, 어떤 모습으로 변할지 아무도 모른다. 그래서 사람 통장이 더 흥미로운 것이다.

현재의 친구들은 그저 뜨거운 우정 하나만을 간직한 친구에 지나지 않을 것이다. 그러나 그 친구들이 앞으로 10년, 20년 후에 변호사, 의사, 공무원 등 다양한 분야에서 활동하게 될 것이다.

여러 방면에서 활동하는 친구들은 장차 커다란 지원군이 되어 어려운 일에 직면할 때 손을 내밀면 언제든지 도움을 줄 것이다.

20대에 만든 사람 통장은 스스로 진화하는 특성을 지녔다. 내가 특별히 노력하지 않아도 친구들이 제각각 자신의 꿈을 이루기 위해 노력하는 동안 통장의 가치는 저절로 올라간다. 그래서 사람 통장만 보고 있어도 우리는 저절로 배가 부를 것이다.

이 사람 통장은 무한 경쟁시대에 커다란 경쟁력이 된다.

3
Chapter

성공의 기회는 사람에게서 온다

　20대에는 누구나 잘 모른다. 그저 열심히 노력하면 성공할 수 있다고 생각한다. 가진 것이 없어도 자신의 힘으로 무엇이든지 이룰 수 있다는 자신감이 있다. 반드시 성공하겠다는 의지와 무엇이든지 스스로 해낼 수 있다는 믿음이 20대를 버티게 한다.

　그러나 세월이 가면서 혼자만으로는 성공하기 어렵다는 것을 깨닫게 된다. 사회에 나와 직장 생활을 하다 보면 다른 사람의 도움 없이는 절대로 성공할 수 없다는 것을 절감하게 된다.

　아무리 뛰어난 능력을 가지고 있더라도 그 능력을 인정받지 못하면 성공할 수 없다. 성공할 기회조차도 잡지 못한다.

　결국 경쟁에서 이기고 성공하는 기회는 사람으로부터 온다. 나이를 먹으면서 능력을 키우는 것 못지않게 열심히 인맥을 넓혀야 하는 이유가 바로 여기에 있다.

| 인생을 바꿔줄 은인을 만나라 |

자신의 인생에 커다란 영향을 준 사람을 가리켜 '은인'이라고 부른다. 인연을 맺은 사람들 모두가 귀하지만 그중에서 특별히 자신의 인생이 성공하는 데 결정적인 영향을 미친 사람은 '은인'이다.

얼마 전 KBS 토크쇼에서 가수 김태원이 이경규를 은인이라고 했다. 오직 음악밖에 모르던 자신을 프로그램에 참여시켜 자신의 예능감을 깨닫게 하고 인생의 새로운 길을 걷게 해주었다는 것이 그 이유였다.

홍콩 최대의 거부이며 아시아 최고 갑부인 리자청은 "인생에서 가장 큰 기회는 바로 은인을 만나는 것"이라고 했다.

리자청은 여섯 살에 아버지를 잃고 어려서부터 가장 노릇을 했다. 그는 철물상 외판원 등을 하면서 일 때문에 집에 들어가기가 쉽지 않자 가방에 속옷을 챙겨 가지고 다니면서 열심히 일을 하여 마침내 세계적인 갑부가 되었다. 그런 그가 무엇보다 중시한 것은 바로 사람과의 관계였다.

"아주 작은 성공은 스스로 기회를 만들어 이루어낼 수 있으나 큰 성공은 혼자의 힘으로 만들기 어렵다. 성공의 규모가 크면 클수록 '사람'의 도움을 받아야 한다."

사업을 확장하면서 사람의 중요성을 충분히 경험했기에 리자청은 그렇게 말한다.

은인은 먼 곳에 있지 않다. 모르는 사람이 어느 날 갑자기 나타나서 은인 노릇을 하지는 않는다. 평소 당신과 관계를 맺고 있던 사람들 중에서 은인이 나타난다. 그러므로 사람을 많이 만나라. 만나면 만날수록 자연스럽게 은인이 많아질 것이다. 그들을 통해 인생을 바꿀 수 있을 것이다.

| 은인은 준비한 사람에게 기회를 준다 |

은인은 분명히 인생을 바꿀 기회를 준다. 그러나 아무에게나 그런 기회를 제공하지는 않는다. 단지 아는 사람이라는 이유만으로 성공의 기회를 주지는 않는다.

세계적인 음악가 쇼팽은 주옥같은 피아노곡을 작곡했다. 오늘날, 음악을 전공하지 않은 사람도 쇼팽을 안다. 그만큼 위대한 음악가로 인정받고 있다.

그런데 쇼팽이 처음부터 유명했던 것은 아니다. 많은 음악가가 그랬듯이 뛰어난 음악적 재능에도 불구하고 인정받지 못했다. 그런 그에게 음악으로 성공할 수 있는 기회를 만들어준 은인이 있었다. 바로 헝가리의 피아니스트 리스트였다.

당시 리스트는 세상에 널리 알려진 유명 피아니스트였다. 그는 쇼팽의 음악적 재능을 알아보고 그를 세상에 알릴 방법을 고민했다. 어느 날 리스트는 자신의 피아노 연주회에 쇼팽을 초대하여 자신이 먼저 피아노를 치다가 불을 끄게 한 다음 쇼팽에게 연주하도록 했다.

어둠 속에서 맑고 아름다운 선율이 흘러나오자 청중은 황홀감을 느꼈다. 그러다 갑자기 불이 켜지자 청중은 연주자가 리스트가 아닌 쇼팽임을 알고는 깜짝 놀랐다. 이후부터 쇼팽의 천부적인 재능이 세상에 알려지기 시작했다.

리스트는 쇼팽에게 인생을 바꿀 기회를 준 은인이다. 그러나 쇼팽에게 음악적 재능이 없었더라면 리스트는 기회를 주지 않았을 것이다. 리스트는 오래전부터 쇼팽의 뛰어난 재능을 알고 있었기에 그에게 기회를 준 것이다.

은인으로부터 좋은 기회를 얻으려면 평소 사람들에게 좋은 평판을 얻어야 한다. 평판은 하루아침에 이루어지는 것이 아니다. 평소 좋은 평판을 얻도록 준비하고 노력해야 한다. 그러면 기회가 찾아왔을 때 놓치지 않고 잡을 수 있다.

사람이 내 인생에 절호의 기회를 만들어주기도 하고, 반대로 공든 탑을 무너뜨리기도 한다. 그러므로 좋은 평판을 얻도록 노력해야 한다.

4
Chapter

다양한 사람들로 구성된 인맥을 만들어라

능력과 인맥을 별개로 보는 사람들이 있다. 그래서 인맥을 통해 높은 지위에 오르거나 성공한 사람들을 색안경을 끼고 보는 일이 왕왕 있다. 능력도 없는 사람이 단순히 인맥을 통해서 성공했다고 생각하는 것이다.

그러나 엄밀히 말하면 인맥도 능력이다. 순수하게 남의 도움 없이 혼자만의 힘으로 해내는 것만이 능력은 아니다. 사람을 얻고 사람을 통해서 무엇을 이루어내는 것 역시 능력이다. 어떤 면에서 후자의 능력이 더 중요하다. 혼자서 할 수 있는 능력은 한계가 있지만, 다른 사람으로부터 도움을 받으면 좀 더 큰일을 할 수 있기 때문이다. 그러므로 인맥의 크기에 따라 능력의 크기는 비례한다고 할 수 있다.

| 끼리끼리 인맥은 능력을 한정시킨다 |

유유상종이라는 말이 있다. 비슷한 사람끼리 어울리며, 서로 통한다는 뜻이다. 처음 알게 되었을 때 가치관이나 기호가 비슷하면 호감을 느끼기도 한다. 처음에는 달랐지만 함께하면서 닮기도 한다. 친구를 보면 그 사람을 알 수 있다는 말이 그래서 나왔다.

그러나 비슷한 사람끼리 이루어진 인맥은 다양한 사람들로 구성된 인맥보다 힘이 약하다. 성격도, 하는 일도 다른 사람끼리 구성된 인맥이 더 강하다. 끼리끼리 인맥은 깊이는 더해줄지언정 폭을 확대해주지는 못한다. 할 수 있는 일의 범위를 확장시켜주는 역할은 다양한 사람으로 구성된 인맥이 한다.

현재 하는 일보다 더 큰 일을 하고 싶다면 자신의 인맥을 검토해볼 필요가 있다. 혹시 어느 한쪽 분야의 사람으로만 구성되어 있지는 않은지, 인맥의 크기는 어느 정도인지 살펴봐야 한다. 그런 다음 나와 다른 능력을 갖춘 사람들을 인맥에 추가하면서 규모를 확장시키는 것이 중요하다.

| 다양한 인맥은 위기관리 능력의 원천이다 |

성공으로 가는 길목 곳곳에는 위험이 도사리고 있다. 언제 어떤 변수가 발생하여 발목을 잡을지 모른다. 성공 여부는 변수가 발생했을 때 어떻게 극복하느냐에 달려 있다. 한마디로, 위기관리 능력이 필요하다.

위기는 자연적으로 일어나기도 하지만 사람이 만드는 경우도 많다. 사람이 걸림돌이 되고 사람이 위기를 조장하는 등, 다양한 형태의 위기를 만들어낸다. 따라서 위기관리 능력을 키우려면 다양한 사람을 많이 겪어봐야 한다.

다양한 인맥은 스스로 문제를 해결할 수 있는 내적 능력과 다른 사람의 도움을 받아 해결하는 외적 능력 모두를 향상시켜준다. 다양한 사람을 만나고 다양한 인맥을 구축한다면, 그만큼 자신의 능력이 향상될 것이다.

5
Chapter

적어도 1년은 겪어보고 판단하라

독이 되는 사람과 득이 되는 사람을 구분하기 전에 알아야 할 것이 있다. 사람을 판단하는 일 자체가 참으로 위험한 일이며, 기본적으로 좋은 사람과 나쁜 사람이 따로 없다는 점이다. 사람의 관계는 상대적이어서 나에게는 나쁜 사람이 다른 사람에게 좋은 사람이 될 수 있으며, 반대로 나에게 좋은 사람이 그 누군가에게는 나쁜 사람이 될 수 있다.

사람은 누구나 장단점이 있으므로 태어날 때부터 나쁜 사람은 없다. 그럼에도 불구하고 독이 되는 사람과 득이 되는 사람을 구분하라는 것은 사람을 믿었다가 배신을 당해 인간 자체를 믿지 못하는 불행한 일이 일어나지 않도록 예방하기 위해서다.

인간관계에서 사이가 틀어졌다가 다시 회복하여 그 관계가 더욱 돈독해지는 경우가 많다. 그러나 독이 될 사람인 줄 알면서도 가까이할 필요는 없다. 우리의 일생은 좋은 사람을 만나기에도 시간이 짧기 때문이다.

그러나 섣불리 사람을 판단하지 말아야 한다. 최소한 1년 이상을 겪어봐야 그 사람의 진면목을 알 수 있다.

| 첫인상이 전부는 아니다 |

첫인상은 매우 중요하다. 그러나 첫인상을 결정하는 시간은 30초도 안 된다. 그 짧은 시간에 사람들은 서로의 인상을 보고 많은 것을 판단한다.

첫인상은 주로 얼굴 생김새, 옷차림새, 헤어스타일, 표정 등에 의해 결정된다. 특히 표정은 옷차림새나 얼굴 생김새를 상쇄할 정도로 강한 느낌을 준다.

실제로 표정은 많은 것을 말해준다. 그 사람의 성격, 성향을 고스란히 드러낼 뿐만 아니라 생활 습관까지도 유추할 수 있게 한다. 표정만큼 자신의 상태를 솔직하게 말해주는 것은 없다.

그러나 첫인상은 어디까지나 첫인상일 뿐이다. 시간이 지날수록 첫인상과 다른 느낌을 주는 사람들이 우리 주위에 수없이 많다. 첫인상은 나빴는데 겪어보니 좋은 사람도 있고, 반대로 첫인상은 좋았는데 나중에 알고 보니 인간성이 좋지 않은 사람들도 있다. 그러므로 첫인상으로 사람을 판단하는 것은 참으로 위험한 일이다. 특히 첫인상이 나쁘다는 이유로, 이후 아예 만날 기회를 갖지 않는다면 좋은 사람을 얻을 기회를 영영 놓칠 수도 있다.

| 인간관계도 숙성이 필요하다 |

숙성이라는 말은 김치 맛을 말할 때 주로 많이 사용한다. 김치는 어느 정도 숙성되어야 제대로 된 맛이 난다.

인간관계도 마찬가지다. 그 사람과 어느 정도 사귀어봐야 알 수 있다. '수박은 속을 봐야 알고 사람은 지내봐야 안다'는 우리 속담처럼 말이다.

그러면 어느 정도 사귀어야 그 사람의 진면목을 알 수 있을까? 사람에 따라 일정 기간을 정할 수 없지만 적어도 1년 정도는 사귀어봐야 제대로 알 수 있다고 생각한다. 물론 한 달에 한두 번 만나는 정도로는 1년 사귀어도 알 수 없다. 적어도 1주일에 한 번씩은 만나면서 대화를 해봐야 그 사람의 개성이나 장단점 등을 파악할 수 있다.

20대에 만난 친구들이 가장 든든하고 마음 편한 것도 어쩌면 그만큼 숙성 시간이 길었기 때문이라고 생각된다. 20대에 만난 친구들은 적어도 10년, 20년 계속 만나고 대화를 나누게 되니 그만큼 숙성되는 것이 아니겠는가.

숙성 시간 1년 동안 다양한 상황에서 사람을 사귀어보면 최소한 잘못된 판단으로 배신당하여 마음 아파하는 일은 일어나지 않을 것이다. 그러므로 1년 동안 사귀면서 그 사람의 됨됨이와 품성을 알도록 노력해야 할 것이다.

6
Chapter

긍정의 사고방식을 가진 사람을 따르라

사람은 생각하는 대로 된다. 태어날 때 부자와 빈자, 성공자와 실패자로 분류하여 태어나는 것은 아니다. 살아가면서, 특히 성인이 되어서 어떻게 생각하느냐에 따라 그 사람의 인생이 좌우된다. 늘 부정적이고 비판적인 사람은 결국 불행한 삶을 살게 되고, 어떤 일에나 긍정적으로 생각하고 희망을 잃지 않고 사는 사람은 결국 행복한 삶을 살게 된다.

긍정의 힘은 매우 강력하다. 긍정은 사람의 처한 환경을 극복하고 상황을 역전시켜 삶을 자신이 원하는 방향으로 끌어주는 굉장한 힘을 가지고 있다. 그래서 긍정 에너지가 넘치는 사람은 대부분 성공적인 삶을 살아간다.

당신이 성공적인 삶을 원한다면 긍정적인 사고방식을 가지고 사는 사람과 교류해야 한다. 그런 사람이 우리 주위에는 의외로 많으며 그들은 우리 인생에 득이 된다. 주저하지 말고 무조건 가까이하라.

| 전염되는 긍정의 에너지 |

특별히 잘해주는 것도 없는데 만나면 괜히 기분이 좋아지는 사람이 있다. 이들은 대부분 긍정의 에너지를 가진 사람이다.

사람과 사람 사이에 전염되는 것은 전염병만이 아니다. 감정도 전염되고, 에너지도 전염된다. 그래서 행복한 사람을 만나면 자신도 행복한 것처럼 느껴지고, 불행한 사람을 만나면 자신도 불행해진 느낌이 들어서 기분이 좋지 않다. 즉, 긍정의 에너지를 가진 사람을 만나면 당연히 긍정의 에너지를 전수받아 힘이 솟고 무엇이든 할 수 있다는 자신감을 갖게 된다.

긍정의 에너지를 가진 사람은 그것을 자신만이 보유하려 들지는 않는다. 다른 사람에게 주려고 한다. 긍정의 에너지를 주변 사람들에게 나누어주는 것을 도리라고 생각하기 때문이다.

에너지는 강한 쪽에서 약한 쪽으로 흐른다. 긍정의 에너지가 약한 상태에서 부정적인 에너지가 강한 사람을 만나면 압도당하게 마련이다. 그러나 긍정의 에너지가 충만하다면 걱정할 필요가 없다. 오히려 상대방에게 긍정의 에너지를 건네주어 상대방의 부정적 에너지를 상쇄할 수 있기 때문이다. 즉, 긍정의 선순환이 이루어지는 것이다.

누군가에게 긍정의 에너지를 전해주는 것은 참으로 멋진 일이다. 긍정의 에너지를 전했을 때 상대방은 아무리 강력한 경쟁자라도 이겨나갈 용기를 갖게 되기 때문이다.

그런데 먼저 자신이 남에게 긍정의 에너지를 전할 수 있을 만큼 힘을 가지고 있는지 자문해볼 필요가 있다. 그러기 위해서는 자신의 마음속에 부정적인 에너지가 있지 않은지 살펴보고 다시금 긍정의 에너지를 갖도록 긍정적인 주문을 해보라.

혼자서 부정 에너지를 떨치기 힘들 때에는 긍정 에너지를 가진 멘토를 찾아가 대화를 나누면서 긍정의 에너지를 느껴보라. 그 과정에 부정적인 에너지는 자신도 모르는 사이 몸에서 서서히 물러가고 대신 긍정의 에너지가 들어올 것이다. 그렇게 긍정의 에너지가 순환하면서 서로서로 성장해가는 것이다.

7

Chapter

꿈을 갖고 도전하는 사람을 가까이하라

꿈이 있는 사람과 꿈이 없는 사람은 하늘과 땅만큼 차이가 난다. 꿈이 있는 사람은 꿈을 꾸는 것만으로도 행복을 느끼지만, 꿈이 없는 사람은 현재 모든 것을 가지고 있어도 뭔가 허전함을 느낀다.

오늘날 꿈이 없는 20대가 많다. 암울한 현실에 절망하여 꿈을 잃고 산다. 자신이 백수라는 현실을 마주한 채 꿈을 잃고 자포자기 상태로 산다. 그래서 자살하는 젊은이들이 많다.

왜 꿈을 꿔야 하는지, 꿈을 갖고 있는 사람을 가까이해보면 알 수 있다. 꿈이 있는 사람은 열정적이다. 현실의 어려움을 두려워하지 않고 도전한다. 결코 도전을 두려워하지 않는다. 그리하여 현실이나 자신의 가능성 따위는 따지지 않고 도전한다. 그들에게는 꿈이 있기 때문이다.

8
Chapter

성공 요소를 나눌 수 있는 사람을 만나라

오랜만에 초등학교나 중고등학교 친구들을 만나면 아주 즐겁고 행복하다. 긴 세월을 단숨에 거슬러 올라가 그때 그 시절 철부지 학생이 되어 장난도 치고 추억을 이야기하다 보면 시간 가는 줄 모른다.

그러나 가끔 허전할 때가 있다. 원 없이 재미있게 놀았지만 뭔가 다 채워지지 않은 그런 아쉬움이 남곤 한다. 몇 번이나 같은 경험을 한 뒤 나름대로 왜 그런지 고민해본 적이 있다. 고민 끝에 어쩌면 중고등학교 친구들과는 추억을 공유하는 데에만 머물기 때문일지 모르겠다는 결론에 이르렀다.

추억을 공유하며 함께 놀 수 있는 친구도 소중하다. 그러나 그러기에는 20대의 젊음이 너무 찬란하다. 함께 놀 수 있는 친구보다 함께 미래를 고민하며 도전할 수 있는 친구가 더 필요하다. 나중에 각

자의 분야에서 경험으로 터득한 성공 요소를 나눌 수 있는 그런 친구들을 만나야 하는 것이다.

| 성공 요소를 나누면서 성장한다 |

"공부 잘하는 애들은 못생겼다는 거? 그거 옛말이에요. 요즘에는 all or nothing이에요."

무슨 말인가 했더니 요즘에는 공부 잘하는 학생이 얼굴도 잘생기고 성격도 좋다는 이야기란다. 이 말은 공부 못하는 학생이 얼굴도 못생기고 성격도 나쁘다는 것과 통한다.

물론 우스갯소리다. 그러나 실제로 사회적 경쟁력이 있는 사람들을 보면 'all or nothing'이 꼭 우스갯소리만은 아니라는 생각이 든다. 그들의 실력은 당연히 월등하고, 인품도 나무랄 데가 없다. 잘 갖추었다고 말하기 어려운 부분은 외모뿐이다.

성공한 친구들에게는 공통점이 있다. 자기 분야에서 타의 추종을 불허하는 실력을 갖춘 것은 기본이고, 인품도 훌륭하다. 열정과 도전정신도 남다르다.

학창 시절부터 그들은 특별한 데가 있었다. 그러나 모두가 처음부터 다 갖추었던 것은 아니다. 어느 한 부분에선 뛰어났지만 부족한 다른 부분이 분명 있었다. 예컨대, 어학 실력이 떨어져 수업을 따라가는 게 벅찬 학생이 있다. 대신 사람들과의 관계를 풀어나가는 일은 다른 친구들보다 잘했다. 반대로 공부는 둘째가라면 서러울 정도로 잘했지만 부끄러움을 많이 타는 성격 탓에 사람을 사귀는 데 서

툰 친구도 있었다.

우리는 서로가 잘하는 점을 배우며 함께 성장한다. 공부를 잘하는 친구의 성공 요소를 참조하여 공부하고, 대인관계에서 어려움을 겪는 사람은 사교적인 친구의 성공 요소를 참조하여 사교성을 키우면 된다.

굳이 성공 요소를 꼽을 필요 없이 때로는 친구의 성품 자체가 성공 요소가 되기도 한다. 오랜 기간 같이 산 부부는 닮는다는데, 친구들도 그런 것 같다.

성품은 성공했을 때 적나라하게 드러나는 법인데, 진정으로 성공한 사람은 성공한 뒤에도 한결같다. 성공했다고 거드름을 피우지 않고 늘 상대를 배려하며 지위고하를 막론하고 누구나 다 똑같이 존중한다.

| 나눠야 제맛인 성공 요소 |

성공 요소를 나누기란 생각보다 쉽지 않다. 어렵게 터득한 자기만의 비법이라 생각할수록 혼자만 움켜쥐고 꺼내놓지 않으려는 사람들이 많다. 한 고추장 광고 중 오랜 세월 장맛을 지켜온 할머니가 자랑스럽게 "며느리도 몰라"라고 이야기하는 장면이 나온다. 곧 대를 이어 장맛을 지킬 며느리에게조차 알려주고 싶지 않을 정도로 귀한 노하우라는 의미일 것이다.

요즘 학생들은 친구에게 노트를 잘 빌려주지 않는다고 한다. 학교에서도 경쟁심이 발동하였고, 학생들도 친구를 친구 이전에 경쟁자로 여기게 되었다.

하지만 성공 요소는 나누면 나눌수록 진가를 발휘한다. 혼자만 알고 있을 때보다 여럿이 함께 공유해 모두가 성공했을 때 더 가치 있다.

성공 요소를 움켜쥐고 있으면 자신만 성공의 영광을 누릴 것 같지만 그렇지 않다. 성공 요소도 시대에 따라, 환경에 따라 변하게 마련이다. 성공 요소를 여러 사람과 나누면 함께 그것을 발전시킬 수 있지만 혼자만 가지고 있으면 발전이란 없다.

변화하고 발전하지 못하는 성공 요소는 오히려 독이 될 수 있다. 오래된 성공 요소만을 굳게 믿고 계속 같은 방식을 고집하다가 실패한 사람은 셀 수 없이 많다.

그러니 성공 요소를 대단한 노하우인 양 꼭꼭 숨겨두려 하는 사람은 굳이 가까이하지 않아도 된다. 아낌없이 성공 요소를 나누려는 사람은 무척 많기 때문이다.

9
Chapter

경계해야 할 유형의 사람

일찍이 공자는 "자기보다 못한 자와 벗하지 마라"고 말했다. 충분히 오해의 소지가 있는 말이다. 공자가 말한 자기보다 못한 자는 학벌, 재산, 사회적 명예 같은 세속적 기준에 미치지 못하는 사람이 아니다. 여기서 '자기보다 못한 자'는 어떤 이유에서든 다른 사람에게 피해를 주는 사람을 의미한다.

| 한 번 배신한 사람은 또 배신한다 |

경계해야 하는 첫 번째 유형 중 하나는 '의리가 없고 배신하는 사람'이다. 이런 사람과는 절대로 다시 일하지 않는 게 좋다. 한 번 배신한 사람은 두 번, 세 번 배신할 수 있기 때문이다. 나를 배신한 것이 아니라 다른 사람을 배신해 치명타를 입힌 사람도 멀리해야 한다.

| 상대를 노골적으로 무시하는 사람도 No! |

경계해야 할 두 번째 유형의 사람은 상대를 노골적으로 무시하는 사람이다.

품성이 좋은 사람은 대부분 사람을 귀하게 여긴다. 사회적 잣대로 보았을 때 자기보다 못한 사람이라도 함부로 대하는 법이 없다. 누구를 대하든 예의를 갖추고, 배려한다.

어떤 편견도 없이 모든 사람을 똑같이 대하는 사람은 사실 그리 많지 않다. 속마음은 그렇지 않더라도 주눅 든 모습을 감추기 위해 혹은 손해를 보지 않으려는 자기보호 본능에서 상대를 무시하는 듯한 말과 행동을 하는 사람들도 많다.

어떤 이유에서든 상대방을 무시하는 태도는 바람직하지 않다. 그러나 그것이 자신의 약한 모습을 감추기 위한 것이라면 이해하고 넘어갈 수도 있다.

하지만 노골적으로 상대방을 무시하는 사람은 일찌감치 거리를 두는 것이 좋다. 다른 사람보다 조금 나은 위치에 있다고 거들먹거리며 상대방의 자존심을 짓밟는 사람이라면 가까이할 이유가 없다.

비슷한 20대끼리는 노골적으로 상대방을 무시하는 사람이 누구인지 잘 드러나지 않을 수도 있다. 보통 다른 사람보다 자신이 가진 게 많다고 생각할 때 상대방을 무시하며 거들먹거린다. 부모가 이룬 것을 마치 자기가 이룬 것인 양 착각하며 다른 사람을 하찮게 여기는 사람도 있다. 그런 사람은 구제불능이다. 애초에 상대할 가치조차 없다.

일을 하다 보면 상대방을 무시하는 사람을 비교적 많이 만난다. 기본적인 예의조차 지키지 않는 사람도 많다.

갑을관계에서 갑이 알게 모르게 을을 무시하는 경우는 많다. 그냥 친분을 쌓는 것이 아니라 일을 위해 만나야 하는 관계라면 설령 갑이 무시해도 멀리하기 어려울 수 있다. 비즈니스에서는 감정보다는 일을 성사시키는 것이 우선이기 때문이다.

그런데 기본적인 예의조차 지키지 않는 사람이 얼마나 승승장구 할 수 있을까? 지금껏 사람을 중하게 여기지 않는 사람이 끝까지 잘 되는 경우를 본 적이 없다. 그런 사람들과는 오래 관계를 맺어봤자 하나도 득이 될 것이 없으니 일찌감치 멀리해도 괜찮다.

| 사람을 이용하는 사람도 경계 대상 |

경계해야 할 세 번째 유형의 사람은 '사람을 이용하려 드는 사람' 이다. 이런 사람들은 주로 남에게 주는 데는 인색하고 자기의 이익 을 챙기는 데만 열심이다. 이런 사람들은 가까이하면 자칫 큰 낭패 를 볼 수 있다.

당신이 인간관계 폭이 넓다면 가끔 기억도 가물가물한 사람들의 전화를 받을 때가 있을 것이다. 그럴 때면 기억하지 못하는 미안함 이 앞선다. 다른 한편으로는 당혹스럽기도 하다. 평소 연락을 주고 받은 사이가 아닌데 오랜만에 전화를 걸어 중학교 동창, 고등학교 선배 등 학연과 지연을 앞세우며 당신과 친하다고 말하면 어색하기도 할 것이다.

순수한 마음에서 안부를 묻는 전화는 고맙기 그지없다. 그러나 오랜만에 걸려온 전화일 경우 순수하게 안부를 묻기보다는 어떤 목적이 있는 경우가 많다. 당신이 들어줄 수 있는 거라면 기꺼이 도와주면 되는데, 가끔 불순한 의도로 당신을 이용하려는 사람들도 있다. 그런 사람들은 가까이해서는 안 된다.

당신만 이용하는 거라면 차라리 낫다. 당신 이름을 팔아 당신을 아는 또 다른 사람에게 접근해 무언가를 얻으려 하면 문제는 더 복잡해진다. 피해가 당신으로 끝나는 것이 아니라 당신 의도와는 상관없이 소중한 친구에게까지 미치기 때문이다.

유명 인사를 거론하며 친분을 과시하는 사람도 대부분 사람을 이용하려는 속성이 강하다. 이런 사람도 경계해야 한다.

10
Chapter

'넓게' 보다 '깊게' 사귀라

폭넓은 교제는 중요하다. 특히 무한한 가능성을 가진 20대들은 다양한 분야의 다양한 사람을 만나는 것이 좋다. 어느 한 분야의 사람만을 만나기에는 20대가 지닌 잠재력이 너무 크다. 다양한 사람을 만나 다양한 경험을 함으로써 몰랐던 재능을 발견할 수도 있고, 새로운 꿈을 꿀 수도 있다.

그러나 넓게 사귀는 것만으로는 부족하다. 깊이를 더해야 한다. 어쩌다 한두 번 만나 통성명을 한 것만으로는 사람을 안다고 할 수는 없다. 내 사람이라고 말할 수는 더더욱 없다. 내 사람이라고 자신 있게 말하려면 깊은 관계를 맺어야 한다.

관계에 깊이를 더하려면 마음과 시간을 투자해야 한다. 진심으로 좋은 관계를 맺고 싶어 하는 마음을 보여주어야 한다. 그런데 만나는 사람의 범위가 감당할 수 없을 정도로 넓다면 깊이를 더하기 어렵다. 넓게 사귀면서 깊이까지 더할 수 있다면 그것만큼 좋은 것도 없다. 하지만 병행할 수 없다면 인맥 다이어트는 필수다.

인맥 다이어트가 야박해 보일 수도 있다. 대부분의 사람은 인맥 다이어트에 익숙하지 않다. 음식 먹는 걸 좋아하는 사람이 음식을 멀리하기 어렵듯 사람을 좋아하는 사람에게 사람을 정리해야 하는 일이 쉬울 리 없다.

그러나 어렵더라도 인맥 다이어트는 해야 한다. 20대뿐만 아니라 30대에도 계속 많은 사람을 만나다 보면 솔직히 지금은 감당하기 어려운 지경에 이르렀을 것이다. 좋은 관계를 지속하려면 관계를 만들 때보다 더 많은 노력을 해야 하는데, 인맥이 너무 넓다 보니 자꾸 소중한 사람들을 예전처럼 챙기지 못하는 것이다.

우리는 종종 소중한 사람일수록 더 소홀히 대하는 경향이 있다. 관심을 갖고 챙겨야 할 사람은 많고 시간이 부족할 때 그런 실수를 저지른다. 소중한 사람들은 설령 조금 소홀하더라도 충분히 이해해줄 것이라고 믿기 때문이다.

물론 친한 사람들끼리는 많은 부분을 이해하고 양보한다. 그렇지만 아무리 친해도 오랜 시간 소홀해지면 관계가 멀어진다. 그런 무서운 날이 오지 않도록 하기 위해 인맥 다이어트를 조금씩 해나가야 한다. 적어도 더 이상 의미 없는 인맥을 확대하지 않는 것이 좋다.

| 손을 내밀어보면 다이어트 대상이 보인다 |

대부분의 사람은 인맥 다이어트를 어려워한다. 사람마다 얻는 것이 다르기 때문에 어떤 기준으로 다이어트 대상자를 선정해야 할지 잘 판단이 서지 않는 게 그 이유다. 자주 만나지 않아도 든든해서 좋은 사람이 있고, 몇 시간씩 함께 놀기만 해도 유쾌해지고 행복해지는 사람이 있다.

차라리 누가 봐도 '득'이 되기보다 '독'이 된다고 생각되는 사람이라면 다이어트는 간단할 것이다. 다이어트를 할 명분이 뚜렷하니 미안한 감정을 느낄 필요도 없다. 하지만 정말 끝까지 함께 갈 친구는 평소에는 잘 드러나지 않는다.

굳이 방법을 제시하자면, 진정한 친구는 어려움에 처해 있을 때 알 수 있다는 말처럼 도움을 요청해보면 된다. 혼자서만 짝사랑하는 관계가 아니라 서로가 서로를 위하는 관계였다면, 상대방은 어렵게 내민 당신의 손을 분명히 잡아준다. 자신이 감당하기 어려운 부탁일지라도 어떻게든 도와주려고 노력하거나 도와주지 못해 많이 미안해할 것이다.

이 과정에서 상처를 받을 수도 있다. 평소 오랫동안 못 보면 보고 싶고 만나면 시간 가는 줄 모를 만큼 기분 좋은 친구였는데, 손을 내밀었을 때 얼굴을 바꾸기도 하기 때문이다. 좋은 관계를 유지하고 싶어 진심으로 마음을 주고 많은 시간을 투자했던 관계일수록 충격과 상처도 더 크다.

반면, 평소 그렇게까지 친하다고 생각하지 못했는데, 손을 내밀었을 때 망설임 없이 잡아주는 사람도 있다. 자주 만나 서로 즐겁게 시간을 보내는 것만으로 판단했다면 어이없게 다이어트 명단에 올렸을 수도 있는 그런 사람들이다.

이처럼 관계의 깊이는 결정적인 순간에 드러난다. 그러니 어렵더라도, 때로는 자기 생각과 다른 결과로 인해서 당신이 상처받고 당황할지라도 손을 내밀어보자. 다이어트를 해야 할 대상이 분명하게 보일 것이다.

11
Chapter

좋은 평판은 주위에 퍼지는 법이다

'남의 말도 석 달'이라는 속담이 있다. 소문은 시간이 지나면 흐지부지 없어지고 만다는 뜻이다. 그러나 석 달은 고사하고 사흘만 지나도 바뀌는 것이 소문, 특히 평판이다.

지각을 밥 먹듯 하던 사람이 어느 날부터 일찍 출근하기 시작하자, "그 친구 완전히 딴사람이 됐네", "응, 그런 모양이야" 하는 입소문이 퍼진다. 그러면 주위의 눈도 달라진다. 사실은 아주 작은 변화일 뿐인데 말이다. 전의 평판이 그리 좋지 않았다면 변신 이후의 평판은 눈에 띄게 좋아지게 마련이다.

평판이란 평가와 판단의 줄임말이다. 항상 지각하지 않고 정시에 출근하던 사람보다 매일 지각만 했던 사원이 더 좋은 평판을 얻는다. 참으로 이해가 안 가는 일이다. 그러나 이렇게 불가사의한 면이 평판의 참모습이다.

사람은 언제나 바뀔 수 있다. 평판은 여자의 마음 또는 가을바람과 같다. 따라서 지금까지의 이미지를 불식시키고 싶다면 바로 행동으로 옮겨라. 딱 사흘만 지나면 평판이 달라질 것이다.

직장인의 성패를 결정하는 것은 인간관계와 일과의 궁합이다. 그래서 인사이동이 절대적으로 필요한 것이다. 또 인사이동을 기회 삼아 허물을 벗고 한 단계 성장하는 계기로 삼으면 그 또한 보람 있는 일이다.

인사이동에 불만을 품는 사원들이 있다. "부당 해고와 부당한 인사이동은 참을 수 없다"고 말하는 사원들이 있다. 그러나 시대가 변하고 회사도 변했다. 사회가 변했고, 업무 내용도 변했다. 이렇게 모든 것이 급변하는 시대를 살아가면서 '나는 어제와 같은 일을 할 테니 잘 부탁한다'는 태도는 도저히 용납할 수 없는 것이다. 그런 사람에게는 도전정신이 없다고 해도 과언이 아니다.

사람들은 자신이 그렇게 부당한 인사이동을 당한 이유를 평판에서 찾는다. 실제는 그렇지 않은데 평판이 나쁘게 나서 그렇다고 항의한다.

그런데 그 평판이란 저절로 만들어지는 것이 아니라 사람의 평소 언행과 인간관계에서 비롯된다. 따라서 좋은 평판을 얻고 싶다면 평소 주위의 상사나 동료와 원만한 인간관계를 유지하고 결점이 노출되지 않도록 각별히 노력해야 한다.

진정한 친구는 어려움에 처해 있을 때 알 수 있다는 말처럼 도움을 요청해보면 된다.
혼자서만 짝사랑하는 관계가 아니라 서로가 서로를 위하는 관계였다면,
상대방은 어렵게 내민 당신의 손을 분명히 잡아준다.
자신이 감당하기 어려운 부탁일지라도
어떻게든 도와주려고 노력하거나 도와주지 못해 많이 미안해할 것이다.

Part 5
멘토는
많을수록
좋다

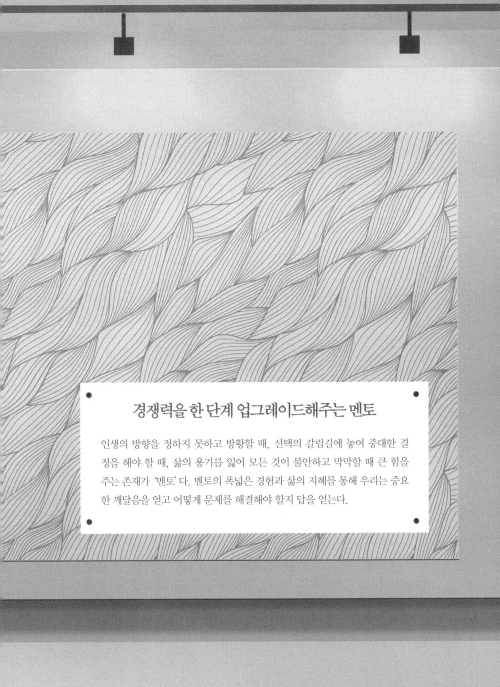

경쟁력을 한 단계 업그레이드해주는 멘토

인생의 방향을 정하지 못하고 방황할 때, 선택의 갈림길에 놓여 중대한 결정을 해야 할 때, 삶의 용기를 잃어 모든 것이 불안하고 막막할 때 큰 힘을 주는 존재가 '멘토'다. 멘토의 폭넓은 경험과 삶의 지혜를 통해 우리는 중요한 깨달음을 얻고 어떻게 문제를 해결해야 할지 답을 얻는다.

1
Chapter

분야별로 멘토를 만들어라

    살다 보면 끊임없이 크고 작은 어려움을 만난다. 그때마다 혼자서 답을 찾고 어려움을 극복해야 한다면 그것만큼 외롭고 불안한 일도 없을 것이다. 삶의 경험이 부족한 20대라면 더더욱 힘들고 막막할 것이 분명하다.

    인생의 방향을 정하지 못하고 방황할 때, 선택의 갈림길에 놓여 중대한 결정을 해야 할 때, 삶의 용기를 잃어 모든 것이 불안하고 막막할 때 큰 힘을 주는 존재가 '멘토'다. 멘토의 폭넓은 경험과 삶의 지혜를 통해 우리는 중요한 깨달음을 얻고 어떻게 문제를 해결해야 할지 답을 얻는다.

    경쟁에서 이기고 인생을 성공적으로 살고 싶다면 꼭 멘토를 만들어야 한다. 한두 명만으로는 부족하다. 현대 사회는 매우 복잡하고 다양하기 때문에 어느 한두 사람에게 모든 분야에 대한 실질적인 조언을 얻기란 불가능하다. 인생의 큰 줄기에 대한 해답은 연륜이 깊은 한두 명의 멘토에게서 충분히 얻을 수 있지만 전문 분야에 대한 깊이 있는 조언은 해당 분야의 전문가가 아니면 해주기 어렵다. 따라서 가능하면 분야별로 멘토를 많이 만들수록 좋다.

| 멘토는 그리 멀지 않은 곳에 있다 |

20대는 모든 것이 불확실한 때다. 그래서 더더욱 멘토가 필요한 시기인데 20대 대부분은 멘토가 없다. 그러면 멘토를 어떻게 구해야 할까?

먼저 멘토란 일반인과는 다른 특별한 사람이라는 생각을 해서는 안 된다. 대개 사회적으로 명망이 있거나 자기 분야에서 성공한 분들을 멘토로 생각한다. 그런데 20대의 입장에서 보면 그런 특별한 분들을 만나는 것 자체가 어려운 일이다. 그러니 그분들을 멘토로 삼는 일은 더욱 자신 없을 것이다.

멘토가 될 만한 자격을 따로 갖춘 사람은 없다. 일찍이 공자는 "세 사람이 길을 가면 그중에 반드시 나의 스승이 있다"고 말했다. 공자의 말대로 누구든 장점이 있고 나보다 뛰어난 점이 있으므로, 꼭 사회적으로 유명하거나 성공한 사람 중에서 멘토를 찾을 필요는 없다. 주변을 돌아보면 분명 멘토로 삼을 만한 사람이 있다.

먼저 다가갈 용기만 있다면 멘토를 만들 기회는 많다. 어떤 상황에서 만났더라도 멘토로 삼고 싶은 이들은 절대 놓쳐서는 안 된다.

대학 시절에 만났던 선배, 대학원과 전문 과정을 이수하면서 만났던 교수와 동기, 심지어 사업하면서 만났던 이들까지 그냥 멘토로 삼으면 된다.

20대 때 멘토를 만들기는 더더욱 쉽다. 조금만 눈을 돌리면 대학 선배나 교수 말고도 멘토를 만날 기회는 많다. 학교에서 하는 행사나 특강 혹은 방학 때 인턴을 하면서 만난 사람 중에서도 얼마든지 멘토를 만들 수 있다. 용기를 갖고 진심으로 다가가기만 하면 된다.

예를 들어 혜민 스님이나 박경철 씨의 특강을 듣고 간절한 마음을 담아 조언을 구하는 메일을 보냈다면 그분들 역시 기꺼이 답장을 해줄 것이다. 무한한 가능성을 가진 20대가 도움을 요청했을 때 이를 뿌리칠 사람은 거의 없다. 나 또한 누군가 진심을 담아 메일을 보내면 성심성의껏 답장을 해준다.

열정을 갖고 스스로 열심히 노력하는 20대를 바라보는 인생 선배들의 마음은 관대하다. 더 이상 머뭇거리지 말고 과감하게 다가가 멘토가 되어줄 것을 청하라. 모두 기꺼이 멘토가 되어줄 것이다.

2
Chapter

마음으로 맺는 멘토와 멘티의 관계

"저는 그분을 멘토라고 생각하는데 그분은 저를 멘티라고 생각하지 않아요."

20대들은 종종 멘토와 멘티의 관계를 공식적인 관계로 착각한다. 마치 남녀가 만나 혼인서약을 함으로써 공식적인 부부가 되듯 멘토와 멘티도 뭔가 공식적인 인정이 필요한 관계라고 생각한다. 멘토에게 "당신은 저의 멘토입니다"라고 알리고, 멘토로부터 "당신을 내 멘티로 인정하노라"라는 대답을 들을 때 온전한 멘토와 멘티의 관계가 형성된다고 오해하는 것이다. 물론 인간관계는 상호적인 것이어서 어느 한쪽이 일방적으로 관계를 맺을 수는 없다. 멘토와 멘티의 관계도 마찬가지다. 다만, 멘토와 멘티의 관계를 공식적으로 드러낼 필요는 없다는 이야기다.

멘토와 멘티의 관계는 마음으로 맺으면 그만이다. 굳이 서로의 멘토, 멘티임을 확인하고 더 나아가서 다른 사람들에게 드러낼 이유가 전혀 없다. 굳이 말하지 않아도 진심이 통하면 멘토와 멘티의 관계는 자연스럽게 맺어진다.

| 10년 선배 멘토가 가장 좋다 |

친구, 후배, 부모, 형제자매, 선배 누구든 나의 멘토가 될 수 있다. 전문직에 종사하는 사람이든 시골에서 농사를 짓는 사람이든 직업도 문제가 되지 않는다. 주변에 있는 사람 중, 서로의 마음을 열고 고민을 털어놓고 조언을 해줄 수 있다면 누구든 멘토로 삼을 수 있다.

하지만 10년가량 나이 많은 선배가 멘토로서 가장 실질적인 도움을 줄 수 있다고 생각한다. 나이 차가 10년 이상 벌어지면 자칫 세대 차이를 느껴 공감대를 형성하기 어려울 수 있다. 존재 자체만으로도 든든한 거목 역할은 바랄 수 있지만 멘티의 입장에서 필요한 현실적이고 구체적인 조언을 얻기는 쉽지 않다.

나이 차이가 얼마 나지 않아도 한계는 있다. 비슷한 또래이기에 공감대를 형성하기는 상대적으로 수월하겠지만 연륜이 짧으니 깊이 있는 조언을 기대하기는 어렵다. 함께 얼굴을 맞대고 고민하고 아파할 수는 있지만 경험이 풍부한 멘토에 비해 단편적인 조언을 얻는 것으로 끝나기 쉽다.

그런데 아무리 훌륭한 멘토라도 필요할 때 편하게 찾아가 도움을 구할 수 없다면, 그 또한 바람직한 것은 아니다. 학생들을 위해 교수

혹은 기업의 CEO들을 멘토로 만들어주는 대학도 있다. 교수들과 CEO들은 언제든 멘토 역할을 할 준비를 하고 있지만, 학생들이 어려워하며 멘토를 제대로 활용하지 못하는 것이 현실이다.

접근하기도 좋고 공감대도 쉽게 형성하면서 이미 충분한 경험을 해 깊이 있는 조언을 해줄 수 있는 멘토……. 이런 조건을 가장 충족하는 멘토가 10여 년 정도 나이 많은 사람이다. 20대에게 가장 적합한 멘토는 30대일 수 있다는 이야기다. 불확실한 20대를 거치고 이제 막 사회에서 자기 자리를 굳히는 30대야말로 20대의 고민을 가장 잘 공감하고, 혼돈의 시기를 성공적으로 빠져나오는 길을 제시해 줄 수 있다.

3
Chapter

마음속 우상을 닮으려고 노력하라

'우상'이라고 하면 인상부터 찌푸리는 사람이 많다. 이제까지 이 단어가 부정적인 의미로 많이 사용된 탓이다.

내가 말하는 우상은 삶의 롤모델이 될 수 있는 사람이다. 맹목적으로 섬기는 대상이 아니라 삶을 살아가는 데 중요한 방향을 제시해주는 사람, 나에게 우상이란 그런 존재다. 그런 우상은 얼마든지 마음속으로 품어도 괜찮다.

우상을 멘토와 동일시하는 사람도 많다. 그도 그럴 것이 멘토 역시 삶의 방향을 제시해주고 롤모델 역할을 하기 때문이다. 그렇지만 멘토와 우상의 역할은 반드시 구분해야 한다. 멘토가 가까이서 필요할 때마다 실질적인 조언을 해주는 사람이라면, 우상은 그 자체로 삶의 표본이 되는 사람이다. 멘토처럼 직접적으로 살가운 조언을 해주지는 않지만 우상의 삶과 모습은 그대로 삶의 지침이 된다. 생각만 해도 가슴이 뜨거워지고 그처럼 되고 싶은 마음이 절로 든다. 아마 아이돌에 열광하는 10대의 마음이 이와 같으리라.

우상을 닮기 위해 노력하는 과정 자체가 큰 배움이다. 우상의 생각, 생활방식을 이해하고 닮으려고 노력하는 동안 자신도 모르는 사이에 발전할 수 있다.

| 우상과 함께 꿈과 이상을 키워라 |

우상은 꿈이자 이상이다. 꿈과 이상은 크면 클수록 좋다. 비록 발은 땅에 있더라도 머리는 늘 하늘 위에 두고 큰 꿈을 꾸어야 한다. 그러므로 큰 꿈을 꾸고 높은 이상을 추구할 수 있게 도와줄 우상을 만들어라. 우상을 닮으려고 노력하는 동안 불가능해 보였던 꿈과 이상이 조금씩 현실로 다가올 것이다.

앞에서 멘토는 많으면 많을수록 좋다고 했다. 우상도 마찬가지다. 멘토처럼 우상도 여러 명을 두고 각 우상의 뛰어난 점을 닮으려고 노력하면 더 많은 것을 배울 수 있다.

간혹 어떤 사람들은 우상을 닮으려고 노력하라고 하면 유일신을 모시듯 우상의 모든 것을 닮으라는 말로 오해한다. 하지만 꼭 닮은 분신이 되지 않아도 된다. 우상의 모습 중 가장 닮고 싶은 모습만 골라 닮아도 괜찮다.

중국의 젊은이들은 우상으로 덩샤오핑을 많이 손꼽는다. 경제적으로 성공을 꿈꾸는 젊은이들은 우상으로 워런 버핏, 짐 로저스를 든다. 모두 경제적으로 큰 성공을 거둔 거물들이다. 물론 단지 세계적으로 성공한 인물이어서 우상으로 삼은 것은 아니다.

리처드 브랜슨은 영국 버진그룹을 세운 주인공이다. 버진그룹은 우리나라에서는 다소 생소할 수 있지만 영국에서는 상당히 유명하다. 그가 영국의 젊은이들에게 우상이 된 것은 그의 저서 때문이다. 『내가 상상하면 현실이 된다』라는 책이었는데, 영국의 젊은이들은 그 책을 잡는 순간 빠져들었다고 한다.

워런 버핏은 부가적인 설명이 필요 없을 정도로 유명한, 주식 투자의 달인이자 세계 최고의 갑부 중 한 명이다. 그러나 우리나라를 위시하여 세계적으로 많은 젊은이가 그를 우상으로 삼은 것은 그의 부와 탁월한 주식 투자 능력 때문이 아니다. 그에게 배우고 싶은 것은 사회 환원이다. 사회에 환원한 금액이 천문학적 규모인 것도 놀랍지만 그 돈을 빌 게이츠 재단에 기부했다는 것이 세계의 젊은이들을 더 놀라게 했다. 자기 이름으로 재단을 세워 기부할 수도 있었다. 대부분의 부자는 다 그렇게 한다. 그런데 그는 빌 게이츠 재단을 통해 사회 환원을 실현했다. 이유는 간단하다. '빌 게이츠가 자기보다 기부한 돈을 더 잘 쓸 수 있을 것 같다'는 게 전부다. 명예에 집착하지 않고 아름답게 돈을 쓸 줄 아는 사람이라는 점이 젊은이들을 매료시켰다. 워런 버핏을 보며 사람들은 자신도 언젠가 꼭 사회 환원을 실천하리라 다짐하곤 한다.

짐 로저스는 젊은이들이 현실적으로 가장 닮고 싶은 우상이다. 그는 월가의 펀드 매니저들이 가장 부러워하는 사람이다. 그는 1969년

조지 소로스와 함께 퀀텀펀드를 창업해 12년 동안 3,365퍼센트라는 경이적인 누적 수익률을 기록했다. 퀀텀펀드의 연간 수익률은 단 한 차례도 마이너스로 떨어지지 않았다. 그의 예리한 통찰력과 정확한 판단이 아니고서는 불가능한 일이었다. 그가 세운 기록은 지금도 월가의 전설로 남아 있다.

그러나 다른 우상들과 마찬가지로 짐 로저스를 우상으로 삼은 까닭 역시 경이적인 투자 실력 때문이 아니다. 펀드 매니저로서 절정을 달리던 짐 로저스는 서른일곱의 젊은 나이에 월가에서 공식적으로 은퇴한다. 이것이 영국의 많은 젊은이가 열광하는 부분이다. 그는 퀀텀펀드에서 벌어들인 1,400만 달러를 들고 세계여행을 시작했다. 1990년에서 1991년까지 그는 오토바이를 타고 세계일주에 나섰다. 약 22개월 동안 52개 국을 여행했고, 달린 거리가 10만 4,000킬로미터, 지구 둘레의 두 바퀴 반에 달한다.

오토바이를 타고 세계를 여행하는 일은 그 자체로 위험한 도전이다. 그 위험한 여행을 선택한 이유에 대해 짐 로저스는 이렇게 말한다.

"여행자 대부분에게 여정이란 목적지까지 가기 위한 수단일 뿐이다. 하지만 오토바이를 타면 그 자체가 목적이 된다. 지금까지 가본 적이 없는 곳을 지나게 되고, 새로운 경험을 하며 새로운 사람을 만나고, 비로소 모험을 하게 되는 것이다."

이처럼 우상마다 사람들을 매료시키는 부분이 조금씩 다르다. 앞으로 또 다른 매력을 지닌 우상에게 사람들은 마음을 사로잡힐 수도 있다. 우상이 많아질수록 배울 것도 많아지니 부디 새로운 우상이 하루라도 빨리 나타나주기를 바랄 뿐이다.

4
Chapter

사람이 가장 좋은 지침서다

직접 보고 듣고 경험한 것 외에는 아무것도 믿지 않는 사람이 있다. 둘 중 하나다. 자기만 옳다고 생각하는 독불장군이거나 의심이 많아 다른 사람의 말을 곧이곧대로 듣지 않는 사람이다. 어떤 유형이든 이런 사람은 다른 사람의 경험으로부터 배울 수 있는 소중한 기회를 종종 놓친다.

물론 혼자서도 삶에 필요한 지혜를, 인생을 성공적으로 사는 데 필요한 노하우를 터득할 수 있다. 그렇지만 시간이 너무 오래 걸린다. 시행착오도 더 많이 겪는다. 그런데 꼭 다른 사람의 경험을 믿지 못하고 혼자 그 외롭고 먼 길을 갈 필요가 있을까?

사람만큼 좋은 지침서도 없다. 사람에게서 배우면 불필요한 시행착오를 줄여 성공으로 가는 지름길을 알 수 있다.

사람들이 수많은 경험과 시행착오를 겪으며 만들고 검증한 것처럼 확실한 것은 없다. 그런데도 의외로 많은 사람이 사람에게 배우려 하지 않는다. 애써 들려주는 주옥같은 삶의 경험을 한 귀로 듣고 한 귀로 흘려보낸다.

사람에게 배우려면 사람의 경험을 믿어야 한다. 경험으로부터 우러나온 노하우야말로 진액 중의 진액이다. 믿지 않고 의심할수록 배울 기회는 사라진다.

| 똑같이 따라 하는 것이 정답은 아니다 |

일반적으로 사람에게 무언가를 배울 때 똑같이 따라 하려 한다. 나쁘지 않다. 아무런 지침 없이 혼자 배우려고 하면 굳이 겪지 않아도 될 불필요한 시행착오도 많이 겪고, 결과도 썩 좋지 않기 때문이다.

그렇다면 무조건 다른 사람의 경험을 똑같이 따라 하면 원하는 결과를 얻을 수 있을까?

다이어트를 예로 들어보자. 다이어트야말로 다른 사람의 경험이 중요한 지침이 된다. 이론뿐인 다이어트 방법에는 대부분 별 관심을 두지 않는다. 사람들이 확실히 효과를 봤다는 방법만을 신뢰하고 자신도 그들처럼 성공할 것이라는 기대를 품고 다이어트에 돌입한다. 그러나 똑같은 방법으로 다이어트를 해도 성공하는 사람보다 실패하는 사람이 더 많다.

이유는 두 가지일 수 있다. 우선 정말 제대로, 똑같이 따라 했는지를 살펴봐야 한다. 현실적으로 똑같이 따라 하는 것 자체가 쉬운 일이 아니다. 다이어트도 그렇지만 사람들로부터 배워야 하는 것들 대부분은 습관과 관련이 있다. 성공도 실패도, 궁극적으로는 다 습관이 만든다. 그래서 따라 하기 어렵다. 어쩌다 한두 번 똑같이 흉내낼 수는 있어도 오랜 시간 따라 해 습관화하는 것은 쉽지 않기 때문이다. 똑같이 따라 했는데 다이어트에 실패했다는 사람들을 보면 실제로는 말처럼 똑같이 따라 하지 않은 경우가 많다.

똑같이 따라 했는데도 결과가 다르게 나타나는 경우도 적지 않다. 보기에 안쓰러울 정도로 하라는 대로 충실하게 다이어트를 하는데도 실패하는 사람이 분명 있다. 왜 그럴까? 사람마다 체질과 특성이 다르기 때문이다. 즉, 자신의 체질과 특성을 고려하지 않고 무조건 다른 사람에게 효과 만점이었다는 다이어트 방법을 따라 하다가는 낭패를 볼 수 있다.

비단 다이어트에 국한된 이야기가 아니다. 사람의 경험으로부터 배울 때는 무작정 똑같이 따라 하기보다 나의 특성과 환경에 맞는 것인지 살펴봐야 한다. 남의 경험을 내 것으로 만들기 위해 꼭 필요한 과정이다. 그대로 따라 하면 모방에 그치지만 나에게 맞게 고쳐 따라 하면 '창조'가 된다.

스승은 제자가 자신을 뛰어넘을 때 보람을 느낀다고 한다. 이왕 사람에게서 배운다면 그대로 따라 하는 데 그치지 말고 청출어람(靑出於藍)하는 것이 배우는 사람의 도리 아닐까?

| 배움은 실천이다 |

사람들은 사람을 통해 종종 감동을 받는다. 물론 사람에게만 감동을 받는 것은 아니다. 책을 통해서도, 자연을 보면서도, 또 다른 무언가를 경험하면서도 감동을 느낀다. 다만 사람이 주는 감동이 가장 크게 다가올 뿐이다.

감동은 그 자체로도 의미가 있다. 하지만 감동이 실천으로 이어질 때 비로소 그 감동으로부터의 배움이 완성된다. 감동을 머릿속에만, 마음속에만 담아두지 말고 몸으로 받아들이고 실천하면 감동이 더욱 크게 살아 움직인다.

배운 것을 그대로 실천하는 분으로, 우림건설의 심영섭 회장이 제일 먼저 떠오른다. 심 회장은 책 전도사로 유명하다. 늘 손에서 책을 놓지 않는다. 주말에는 책에만 몰두할 정도로 책을 사랑한다. 또한 당신만 책을 읽는 데 그치지 않고 매달 수천 권의 책을 직원은 물론 지인들과 나눈다. 그것도 항상 책 앞부분에 친필로 감상문을 써서 선물한다.

무엇보다 놀라운 것은 읽은 책의 내용을 그대로 실천한다는 것이다. 예를 들어 자신감을 키우기 위해 아침에 일어나 "나는 할 수 있다"를 백번 외치라고 적혀 있는 책을 읽고 나면, 정말 그렇게 한다. 사랑하는 사람과의 갈등을 해소하는 방법으로 하루에 열 번씩 사랑한다고 말하라고 배웠다면 그대로 실천에 옮긴다. 스펀지처럼 배운 내용을 쭉쭉 빨아들여 완벽하게 자기 것으로 만드는 힘이 어떠한 역경이든 이겨내고 오뚝이처럼 일어서는 바탕이 되었다.

배운 내용을 실천하는 것은 마음먹기에 달려 있다. 물론 바로 실천하기 어려운 것들도 많다. 큰 결심과 많은 준비가 필요한 실천이라면 아무래도 어려울 수밖에 없다. 그런데 마음만 먹으면 금방 실천할 수 있는 것조차 미루는 경우가 많다. 처음부터 큰 배움을 실천하려 하지 말고 작은 배움부터 하나씩 실천해보길 권한다. 그런 작은 실천이 결국 큰 실천을 끌어내고 자신을 발전시킨다.

5
Chapter

좋은 소리보다 쓴소리에 귀를 기울여라

사람은 태생적으로 듣기 '좋은 소리'를 선호하는 듯하다. 좋은 소리는 묘한 마력을 지녔다. 진심에서 우러나온 말이 아니라 단지 듣기 좋으라고 하는 소리임을 알고 들어도 기분이 들뜬다. 반면 쓴소리는 대부분 기분을 상하게 한다. 설령 쓴소리가 나에게 피가 되고 살이 되는 조언임을 알아도 듣는 순간에는 누구나 마음이 불편하게 마련이다.

잠시 마음이 상하는 게 싫어 쓴소리를 멀리한다면 그만큼 배우고 성장할 기회를 놓친다. 입에 쓴 약이 몸에는 좋듯이 듣기 거북한 쓴소리가 사람을 성장시킨다. 당장은 아프지만 자신을 돌아보고 다시 고민하게 만들기 때문이다.

쓴소리를 듣기 싫어하는 사람치고 성공한 사람이 없다. 많은 사람에게 존경받고 크게 성공한 사람 대부분은 쓴소리를 달게 듣는다.

| 쓴소리를 해주는 사람에게 무조건 감사하라 |

쓴소리는 듣기도 어렵지만 하기도 만만치 않다. 자칫 잘못하면 비난이 되기 쉽기 때문이다. 상대에게 애정을 갖고 그가 잘되기를 바라는 마음에서 충분히 고민했을 때 진짜 쓴소리를 할 수 있다.

이처럼 쓴소리는 하는 사람에게도 달갑지 않은 일이다. 따라서 누군가 당신에게 애정 어린 쓴소리를 해준다면 무조건 고마워해야 한다. 그만큼 당신을 위해 고민하며 사랑한다는 증거니까.

| 쓴소리를 듣는 데도 예의가 필요하다 |

얼굴 붉히지 않고 쓴소리를 경청하는 것만도 대단한 일이다. 말이 쉽지 마음을 열고 쓴소리를 달게 듣기란 여간 어려운 일이 아니다.

하지만 그것만으로는 부족하다. 상대방은 내가 올바른 방향으로 가기를 바라는 마음에서 어렵게 쓴소리를 하는 것이다. 그 마음을 안다면 바뀌려고 노력해야 한다. 그게 예의다. 기껏 쓴소리를 했는데 아무런 변화가 없다면 그 순간 애정 어린 쓴소리는 의미 없는 잔소리로 전락하고 만다.

그렇다고 상대방의 쓴소리를 무조건 수용하라는 말은 아니다. 잘못된 생활 습관이나 사람이 사는 데 꼭 지켜야 할 기본을 지적해주는 것이라면 마땅히 수용해야 한다.

하지만 옳고 그름을 판단할 수 없는 것들이 있다. 예를 들어 졸업을 앞둔 학생이 취업보다 창업을 하고 싶어 한다고 가정하자. 창업은 결코 쉽지 않다. 더구나 사회 경험이 전혀 없는 학생이 창업해 성공할 확률은 극히 낮다. 누군가 이런 현실을 이야기하며 창업을 하지 말라고 쓴소리를 했다면 어떻게 해야 할까?

창업에 대한 의지가 확실하다면 쓴소리를 그대로 수용하기 어려울 것이다. 하지만 상대방이 왜 그런 쓴소리를 했는지 이해하고, 우려하는 문제를 보완할 방법을 고민하는 과정이 필요하다. 그런 과정 없이 무조건 쓴소리를 거부하면 애써 조언해준 사람도 상처를 받기 쉽다. 어렵게 해준 쓴소리를 흘려들은 것이 아님을 충분히 설명하고 고마움을 표시하는 것 또한 예의다.

감동은 그 자체로도 의미가 있다.
하지만 감동이 실천으로 이어질 때 비로소 그 감동으로부터의 배움이 완성된다.
감동을 머릿속에만, 마음속에만 담아두지 말고 몸으로 받아들이고 실천하면
감동이 더욱 크게 살아 움직인다.

Part 6

비상시를 대비해
나만의 히든카드를
준비하라

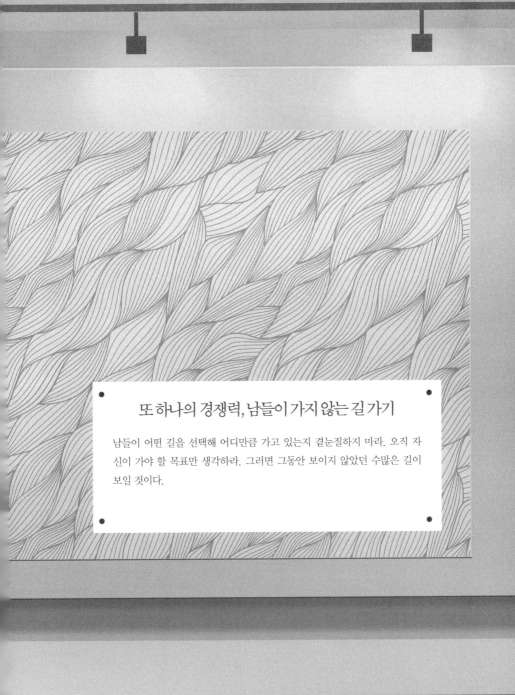

또 하나의 경쟁력, 남들이 가지 않는 길 가기

남들이 어떤 길을 선택해 어디만큼 가고 있는지 곁눈질하지 마라. 오직 자신이 가야 할 목표만 생각하라. 그러면 그동안 보이지 않았던 수많은 길이 보일 것이다.

1
Chapter

넘버원이 아닌 온니원을 꿈꿔라

경쟁 체제에서 1등만 인정받고 살아남는 세상이다. 2등과 3등은 1등에 가려 보이지도 않는다. 올림픽에서도 금메달을 딴 선수만 스포트라이트를 받는다. 은메달이나 동메달을 따는 것도 쉽지 않은 일인데 말이다.

과정은 다 똑같다. 어쩌면 금메달을 딴 선수보다 더 많은 노력을 했을지도 모른다. 그런데도 과정보다 결과로 모든 것을 평가하는 세상이다 보니 1등이 아니면 주목받기 어렵다. 그래서 모두가 1등이 되려고, 최고가 되려고 애쓴다.

그렇다면 1등은 행복할까? 불행하게도 1등 역시 행복하지 않다. 1등과 2등의 차이는 크지 않다. 순서는 언제든 바뀔 수 있기에 1등은 1등의 자리를 지키기 위해, 2등은 1등을 이기기 위해 끊임없이 피나는 경쟁을 한다.

　사람 자체보다 등수를 중요시하는 경쟁 사회에서는 모두가 행복할 수는 없다. 경쟁에서 자유로워지려면, 넘버원(Number one)이 아닌 온니원(Only One)이 되어야 한다.

　넘버원은 적게는 몇 명, 많게는 수백 명을 상대로 치열한 경쟁에서 이겨야 하지만, 온니원은 그 치열한 경쟁을 겪지 않아도 되고 자유로움을 느낄 수 있다. 그렇다고 온니원이 넘버원을 꿈꾸는 것보다 적게 노력해도 된다는 것은 결코 아니다. 오히려 더 많이 노력해야 하며 주위의 냉대와 위험을 감수하고 도전해야만 자신이 원하는 온니원을 이룰 수 있다.

2
Chapter

경쟁은 비교를 동반한다

온니원. 말 그대로 유일한 존재가 되려면 남들이 가지 않는 길을 가야 한다. 남들이 많이 가는 길일수록 경쟁이 치열하다. 발 디딜 틈 없이 빽빽하게 몰려가는 길에서 남들보다 앞서려면 그야말로 치열한 전투를 벌여야 한다. 살아남을 확률이 아주 낮다.

그런데도 대부분의 사람이 너도나도 몰리는 길을 선택하는 데에는 이유가 있다. 그만큼 안전하다고 믿기 때문이다. 선두까지 치고 올라가기는 어렵지만 일단 올라가기만 하면 이후의 인생은 탄탄대로라고 착각하기 때문이다. 반면 남들이 가지 않는 길은 위험하다고 생각한다. 사람의 발길이 닿지 않아 길 자체가 험해 걷기조차 어려운 데다 그 길 끝에 무엇이 기다리고 있을지 아무도 모르기 때문이다. 그런 길을 선택하기란 사실 두렵고 어려운 일이다.

| 나는 나다. 남들과 비교하지 마라 |

경쟁은 필연적으로 비교를 동반한다. 이것부터가 문제다. 모든 사람은 태어날 때부터 유일한 존재다. 모두 자신만의 개성과 장점을 갖고 태어난다. 이런 사람들을 일정한 기준에 맞춰 비교한다는 것은 그 자체로 모순이다.

원래 온니원이었던 '나'는 어렸을 때부터 끊임없이 비교를 당하면서 넘버원에 목숨을 거는 '아무나'로 전락한다. 워낙 오랫동안 비교를 당하다 보니 어느 순간부터는 스스로도 남들과 자신을 비교하는 게 습관이 되어버린다. 그래서 온니원이 되기 어려워진다.

일단 무의미한 비교에서 자유로워져야 한다. '사람들이 남들이 가지 않는 길을 꺼리는 이유는 비교할 대상이 없기 때문 아닐까?' 하는 의문이 들 때도 있다. 그만큼 우리는 자기도 모르는 사이에 비교에 익숙해졌다.

비교로부터 자유로워지면 선택의 폭이 넓어진다. 서울대나 고려대나 연세대를 가야만 성공할 수 있는 게 아니다. 남들이 다 부러워하는 대기업에 입사해야만 안정적인 미래가 보장되는 것도 아니다. 해외 유학을 갔다 와야만 엘리트 계층이 되어 특권을 누릴 수 있는 것은 더더욱 아니다.

온니원이 되어 성공하는 길은 헤아릴 수 없이 많다. 남들이 어떤 길을 선택해 어디만큼 가고 있는지 곁눈질하지 마라. 오직 자신이 가야 할 목표만 생각하라. 그러면 그동안 보이지 않았던 수많은 길이 보일 것이다.

3
Chapter

경쟁력 있는 전문가가 되라

한 분야의 전문가로 인정받는 사람들은 어떤 사람일까? 현재의 모습만 놓고 보면 그들은 대단하고 특별하다. 굳이 스스로 전문가임을 드러내지 않는데도 몇 마디 이야기를 나눠보면 단박에 고수임을 느낄 수 있다. 그래서 많은 사람이 그들에게 어떤 탁월한 재능이 있을 것이라고 믿는다.

물론 재능도 무시할 수는 없다. 미적 감각이 전혀 없는 사람이 뛰어난 디자이너가 될 가능성은 크지 않다. 하지만 재능보다 더 중요한 것이 있다. 바로 '꾸준한 노력'이다. 그것이 전문가가 될 수 있는 힘이다. 아무리 재능이 뛰어나도 꾸준히 노력하지 않으면 결코 전문가가 될 수 없다.

｜ 1만 시간의 법칙은 어디서나 통한다 ｜

그렇다면 얼마만큼 노력해야 경쟁력 있는 전문가로 우뚝 설 수 있을까? 이에 대한 답은 이미 나와 있다.

'1만 시간의 법칙'에 대해 들어보았을 것이다. 어떤 일이든 1만 시간만 투자하면 최고가 될 수 있다는 법칙이다. 하루에 전문적인 일에 완전히 몰입하는 시간이 약 세 시간이라고 가정하면 1만 시간은 대략 10년 정도(3시간×365일×10년=10,950시간)라는 계산이 나온다. 결국 '1만 시간의 법칙'을 '10년의 법칙'이라 바꿔도 무방하다. 따라서 하루에 몰입하는 시간을 더 늘리면 10년이라는 시간을 대폭 줄일 수 있다.

아직 1만 시간을 투자해보지 못한 젊은이들은 정말 1만 시간만 집중하면 최고의 경지에 이를 수 있는지 의심스러워할 것이다. 그러나 의심하지 마라. 1만 시간의 법칙을 경험해본 전문가들은 이 법칙을 전적으로 신뢰한다.

｜ 즐길 수 있는 일을 선택하라 ｜

말이 쉽지 10년 동안 어떤 일에 집중적으로 투자한다는 것이 결코 쉬운 일은 아니다. 10년은 강산도 변한다는 긴 세월이다. 요즘같이 변화무쌍한 세태에는 강산이 수차례 바뀔 수도 있다. 그렇게 긴 10년을 지루하지 않게 보내려면 즐길 수 있는 일을 선택해야 한다. 자기의 적성이나 꿈과는 아무 상관이 없는 일을 선택해서는 10년은커녕 1

년이 채 가기도 전에 지친다.

실제로 한 설문조사 자료에 따르면 1년 이내에 퇴사하는 신입사원이 대기업의 경우 13.9퍼센트, 중견기업과 중소기업은 각각 23.6퍼센트와 39.6퍼센트에 달한다고 한다. 바늘구멍만 한 취업문을 뚫고 어렵게 들어간 직장을 떠날 수밖에 없는 이유로는 '업무가 전공이나 적성에 맞지 않아서'라는 답변이 35.9퍼센트로 압도적인 비중을 차지했다.

물론 아까 말한 10년은 한 직장에서의 10년을 의미하지는 않는다. 같은 분야라면 직장을 옮겨도 상관없다. 직업이 아닌 일을 기준으로 한 10년임을 분명히 해두고 싶다.

목숨 바쳐 사랑할 수 있을 것 같은 사람과 결혼을 해도 시간이 지나면 권태기를 맞이하는 것처럼, 아무리 좋아하는 일이라도 고비가 온다. 시간 가는 줄 모르고 몰입해서 즐겁게 일하다가도 어느 순간 일이 지겹게 느껴지고 회의가 밀려올 때가 있게 마련이다. 그런데 적성에도 맞지 않는 일을 하면서 10년을 투자하기란 거의 불가능하다.

목구멍이 포도청이라서, 당장 갈 곳이 없어서 등의 이유로 버틸 수는 있다. 하지만 그렇게 버티면서 보낸 10년은 의미가 없다. 1만 시간의 법칙은 10년을 신명 나게 살았을 때 비로소 통하는 법이다. 또한 그 1만 시간을 오로지 한 분야에 집중할 때 그 법칙의 효과가 나타난다.

첫 출발이 중요하다. 처음부터 자기에게 맞는 일, 즐겁게 할 수 있는 일을 선택해야 그만큼 최고가 되는 날을 앞당길 수 있다.

4
Chapter

경쟁력으로 히든카드를 준비하라

미국의 빌 클린턴 전 대통령과 우리나라의 고 노무현 전 대통령의 공통점은 무엇일까?

선뜻 대답하기 어려운 질문일 수 있다. 답은 유세 기간에 악기를 연주하는 모습으로 유권자들의 감성을 자극했다는 것이다. 빌 클린턴 전 대통령은 텔레비전 프로그램에서 프로 못지않은 솜씨로 멋지게 색소폰을 연주해 유권자들의 마음을 사로잡았고, 노무현 전 대통령은 기타를 치며 노래를 불러 갈등하던 유권자들의 마음을 단숨에 돌려놓았다.

악기를 연주하는 대통령 후보……. 알아듣기도 어려운 딱딱한 공약을 소리 높여 외치던 기존 정치인과는 달리 악기를 연주하는 감성적 모습은 한마디로 신선한 충격이었다. 정서를 자극하는 전략이 대통령으로 당선되는 데 톡톡히 한몫했음은 두말할 것도 없다.

클린턴의 색소폰과 노무현의 기타와 노래는 일종의 히든카드다. 이처럼 히든카드의 힘은 상상 이상이다. 결정적인 순간에 중대한 역할을 한다. 남들보다 앞서 가려면 이런 히든카드가 필요하다.

| 히든카드의 힘 |

대기업에 다니던 한 사원이 베트남 지사에 근무하는 사촌 형을 만나러 갔다. 그는 현재 베트남이 무섭게 성장하는 중이니 베트남어를 배워두면 도움이 될 것이라는 사촌 형의 조언을 들었다.

그때부터 틈틈이 익힌 베트남어 실력이 그 사원에게 드디어 제대로 히든카드 역할을 했다. 베트남어 덕분에 그 사원은 회사에서 주목받는 실력자로 부상했고, 베트남 지사장이 되는 행운을 얻었다.

이처럼 히든카드는 실력을 인정받고 이미지를 극대화시키는 결정적인 역할을 한다. 강력한 무기로써 경쟁력이 되고, 결정적인 순간 행운의 여신을 내 편으로 만들기도 한다. 평소에는 드러나지 않기 때문에 히든카드의 힘은 더욱 강력하다.

| 꼭 거창한 것만이 히든카드는 아니다 |

나만의 경쟁력을 키우려면 적어도 히든카드 하나쯤은 갖고 있는 것이 좋다. 그렇다고 히든카드를 거창하게 생각할 필요는 없다. 손쉽게 만들 수 있는 히든카드부터 준비해도 괜찮다.

내 후배는 차가운 이미지 때문에 늘 오해를 받는다. 말수도 적어 처음 만나는 사람 대부분은 그를 어려워한다. 그러나 그에게는 자신을 불편해하는 사람들의 마음을 돌릴 비장의 히든카드가 있다. 그 히든카드를 꺼낼 때면 그는 사람들을 데리고 노래방에 간다. 그러고는 노래 한 곡을 멋지게 뽑는다. 노래가 끝나면 사람들은 그를 한결 따뜻한 사람으로 느낀다. 그의 히든카드인 노래 실력이 자신의 이미지를 제대로 쇄신해주는 것이다.

대단한 외국어 실력이나 전문가 수준의 기술만이 히든카드가 될 수 있는 것은 아니다. 꼭 업무와 직접적으로 관련이 없어도 상관없다. 취미로 즐기는 것도 훌륭한 히든카드가 될 수 있다.

일단 시작이 중요하다. 비록 시작은 미약할지라도 꾸준히 히든카드를 갈고닦으면 언젠가는 그 히든카드가 결정적인 순간에 막강한 힘을 발휘할 것이다.

5
Chapter

자기계발로 경쟁력을 높여라

30대는 무척 바쁘다. 아무것도 모르는 20대와는 달리 제법 실무 경험을 쌓았기 때문에 회사 차원에서 보면 '꽤 쓸 만한' 일꾼으로 평가받는다. 실무 현장을 가장 바쁘게 뛰어다니며 중요한 일들의 초석을 다지는 역할을 대부분 30대가 한다고 봐도 무방하다.

하루가 어떻게 지나가는지 모를 정도로 바쁘게 지내는 것은 분명히 좋은 일이다. 하지만 현재의 바쁜 생활이 꼭 미래의 행복을 보장하지는 않는다.

행복한 미래를 꿈꾼다면 아무리 바쁘더라도 끊임없이 자신을 업그레이드하려는 노력을 멈춰서는 안 된다. 자기 능력을 계발하지 않고 당장 눈앞에 닥친 일들을 처리하느라 급급해하다 보면 어느 순간 한계에 부닥치고, 경쟁에서 밀리고 만다.

| 자기계발은 선택이 아닌 필수다 |

30대에게 가장 중요하고 필요한 투자는 '자기계발'이다. 30대 때 자기계발을 얼마나 했느냐에 따라 미래가 좌우된다고 해도 과언이 아니다.

지인 중 한 사람은 스스로를 업그레이드하기 위한 노력을 게을리 하지 않는다. 그는 중국의 끊임없는 경제 성장과 변화를 좀 더 심도 있게 이해하기 위해 사업 중에도 시간을 쪼개 공부해 중국 경제 분야의 박사학위를 받았다. 본격적으로 중국 사업을 시작하면서부터는 연세대의 중국 최고경영자 과정, 매일 경제-한국외국어대 중국 비즈니스 최고위 과정, 연세대 디벨로퍼 과정, 성균관대 프랜차이즈 전문가 과정, 한국능률협회 사모펀드 과정 등 다양한 과정도 수료했다.

그에게 자기계발은 생존과 직결된다. 중국 부동산 사업을 하면서도 부동산 개발과 관련된 기본적인 용어와 시스템조차 잘 몰랐으니 살아남으려면 열심히 공부하는 것 말고는 길이 없었다. 그런 절박함 때문에 어떤 과정이든 열심히 들었고, 강의 내용도 귀에 쏙쏙 들어 왔다고 한다.

또한 함께 강의를 들었던 수강생들에게 배우는 것도 많았다. 대부분 현장에서 일하면서 자기계발을 하려고 강의를 듣던 분들이라 실무를 배우기에는 그들만큼 훌륭한 스승도 없었다. 아마 이렇게 자기계발을 하는 노력이 없었더라면 중국 사업은 지금까지도 가시밭길이었을지 모른다.

30대의 자기계발은 선택이 아닌 필수다. 물론 30대는 무척 바쁘다. 일도 많고 결혼이나 출산 등 생활상의 변화도 크다. 변화에 적응하며 주어진 일을 해내는 것만으로도 벅찬 나이임을 충분히 안다.

하지만 바쁘다는 핑계로 자기계발을 게을리하면 더 이상의 미래는 없다. 시간이 없으면 어떻게든 만들어서라도 자기계발에 투자해야 한다. 그런 노력이 나를 경쟁력 있는 전문가로 성장시킨다.

6
Chapter

미래 비전과 통하는 실용적인 공부를 하라

거시적으로 보면 어떤 공부든 삶에 도움이 되지 않는 공부는 없다. 하지만 30대의 자기계발은 분명한 방향이 필요하다. 사실상 30대는 무척 바쁘므로 이것저것 찔러보듯이 공부할 시간이 없다. 어렵게 시간을 쪼개 자기계발을 하는 것이라면 좀 더 전략적일 필요가 있다.

30대의 자기계발은 비전과 통해야 한다. 현재 일하는 분야에서 미래를 꿈꾼다면 그 일을 더 잘하는 데 필요한 공부를 충분히 하는 것이 마땅하다.

만약 현재 하는 일과 미래 비전이 일치하지 않는다면 더더욱 자기계발이 필요하다. 자신이 꿈꾸는 미래를 만들기 위해 어떤 공부가 필요한지 면밀하게 검토한 후 필요한 공부를 해야 한다.

자기계발을 하는 방법은 다양하다. 가장 간단히 쉽게 할 수 있는 방법은 독서다. 책만큼 최소의 비용으로 최대의 효과를 얻을 수 있는 자기계발법도 드물다. 출퇴근하는 시간만이라도 책을 읽으면 충분히 자신을 업그레이드할 수 있다.

직장인이라면 누구나 필요로 하는 기획력을 기르는 방법, 아이디어를 얻는 방법, 인맥을 형성하는 방법, 프레젠테이션을 하는 방법부터 경제·문화·역사·정치 등 각종 분야에 유용한 내용을 담은 책들이 많이 나와 있다. 사업을 꿈꾸는 사람에게 필요한 창업 관련 책도 많다. 필요한 책을 골라 읽기만 하면 된다.

인터넷도 훌륭한 자기계발 매개체다. 정보가 너무 많아 오히려 혼란스러울 수도 있지만 인터넷은 많은 정보를 가장 빠르게 얻을 수 있는 좋은 통로다. 또한 요즘에는 인터넷으로 들을 수 있는 사이버 강좌도 많으므로 시간과 장소에 구애받지 않고 필요한 공부를 얼마든지 할 수 있다.

시간적, 경제적 여력이 허락한다면 대학원에 진학하거나 실무에 도움이 되는 과정을 들어도 좋다. 이론과 실무를 결합해 전문성을 키우는 데도 도움이 되고 자연스럽게 인맥도 넓힐 수 있다.

자기계발의 결과는 단시간에 나타나지 않는다. 하지만 꾸준히 1년, 2년, 3년 자기계발을 한 사람과 그렇지 않은 사람의 미래는 천지차이임은 두말할 필요조차 없다.

| 무조건 열심히 일하는 것이 능사는 아니다 |

머리는 좋은데 뺀질거리는 사람, 머리도 나쁘고 열심히 일하지도 않는 사람, 머리는 나쁜데 아주 열심히 일하는 사람······.

세 가지 유형 중 어떤 사람이 가장 조직의 골칫덩이일까? 답은 '머리는 나쁜데 아주 열심히 일하는 사람'이다. 열심히 일하는 사람이 오히려 조직에 해를 입히는 문제아라니, 선뜻 수긍이 가지 않을 수 있다. 그러나 왜 그런지 이유를 알고 나면 저절로 고개가 끄덕여진다.

머리는 좋은데 뺀질거리는 사람은 동기부여만 확실하게 해주면 언제든 능력을 발휘해 조직에 도움을 줄 수 있다. 그렇지만 머리는 나쁜데 열심히 일하는 사람은 의욕만큼 일을 제대로 처리하지 못해 오히려 해를 끼친다. 머리도 나쁘고 열심히 일하지 않는 사람도 조직에 방해가 되는 사람임은 분명하지만 적어도 일을 엉뚱한 방향으로 몰고 가 큰 낭패를 보게 하는 경우는 없다.

무조건 열심히 일하는 것만으로는 안 된다. 능력을 인정받으려면 제대로 일해야 한다. 전략적으로 제대로 일할 때 비로소 전문가로 성장할 수 있다.

7
Chapter

흐름과 핵심을 파악한 전략이 경쟁력이다

똑같이 열심히 공부하는데도 어떤 학생은 상위권 성적을 유지하고, 어떤 학생은 늘 중위권에서 맴돈다. 노력이 부족한가 싶어 상위권 학생보다 잠을 덜 자고 몇 시간씩 더 공부해도 격차는 좀처럼 좁혀지지 않는다.

왜 그럴까? 이유는 간단하다. 공부하는 방법이 잘못되었기 때문이다. 공부를 잘하는 학생들은 공통적으로 전체 흐름, 즉 개요를 꿰뚫고 어떤 내용이 가장 중요한지, 가장 핵심적인지를 파악하는 능력이 있다. 처음부터 그 능력을 타고난 것은 아니다. 공부할 때마다 핵심부터 파악하려고 노력한 결과 얻은 능력이다. 내로라하는 학습법 책을 봐도 전체 흐름과 핵심부터 공부하라는 이야기는 만고불변의 진리처럼 꼭 나온다.

반면 열심히 공부해도 성적이 잘 오르지 않는 학생 대부분은 공부를 하면서도 중요한 게 어떤 것인지를 잘 모른다. 그러니 무조건 외운다. 마치 교과서를 처음부터 끝가지 통째로 다 외울 기세로 공부한다. 중요한 것과 중요하지 않은 것을 구분하지 못하고 무조건 열심히 공부하니 힘만 들고 성적이 오르지 않는 것은 당연하다.

일도 그렇다. 모든 일에는 흐름과 핵심이 있다. 일을 잘하려면 먼저 그 흐름과 핵심을 읽어야 한다. 머리가 나쁜데 열심히 일하는 사람이 놓치는 게 바로 이것이다. 흐름과 핵심을 파악하지 못하고 그저 열심히 일하면 된다는 착각 아래 일을 하니 시간을 투자한 만큼의 결과가 나오지 않는다. 결과가 나오지 않는 데서 그치면 그나마 다행이다. 그러나 자기가 맡은 일뿐만 아니라 그 여파로 다른 사람의 일까지 꼬이게 하여 결국 일 전체를 망쳐버리는 경우도 허다하다.

얼마나 슬프고 억울한 일인가. 일을 열심히 하는데도 칭찬을 듣기는커녕 조직의 방해꾼으로 눈총을 받으니 말이다. 대개 이런 상황에 처하면 자기의 문제를 돌아보기보다 주변을 탓하고 원망한다. 그럴수록 문제는 더욱 심각해지고 급기야 "차라리 가만히 있는 게 도와주는 것"이라는 말까지 듣게 된다.

어떤 일이든 열심히 하는 것은 기본이다. 능력이 뛰어난 사람은 열심히 노력하는 사람을 결코 이길 수 없다. 하지만 무조건 열심히 일하면 된다는 생각은 버리자. 어떻게 일할 것인지 전략을 세워야 한다. 일의 흐름과 핵심을 바탕에 둔 전략이 필요하다. 그 전략을 토대로 열심히 일할 때 자신이 맡은 일의 가치가 배가되고, 성과와 더불어 능력을 인정받을 수 있다.

| 전체 흐름과 핵심을 파악하려면? |

지금은 분업화 시대다. 한 사람이 처음부터 끝까지 원맨쇼를 하듯 처리할 수 있는 일은 그리 많지 않다. 그 때문에 팀을 이끄는 리더가 아니면 대부분 자기가 맡은 일만 보고 처리하려는 경향이 있다.

하지만 그렇게 해서는 일 전체의 흐름을 파악하고 핵심을 이해하기 어렵다. 조금만 눈을 돌려 다른 사람은 어떤 일을 하는지, 그런 일들이 모여 전체 일의 흐름이 어떻게 진행되는지를 살펴보자. 처음에는 잘 보이지 않더라도 계속 노력하면 어느새 큰 흐름이 눈에 들어온다. 그리고 그 흐름을 관통하는 핵심이 잡힌다.

Part 7

자신이 속한 분야에서 최고의 브랜드를 만들어라

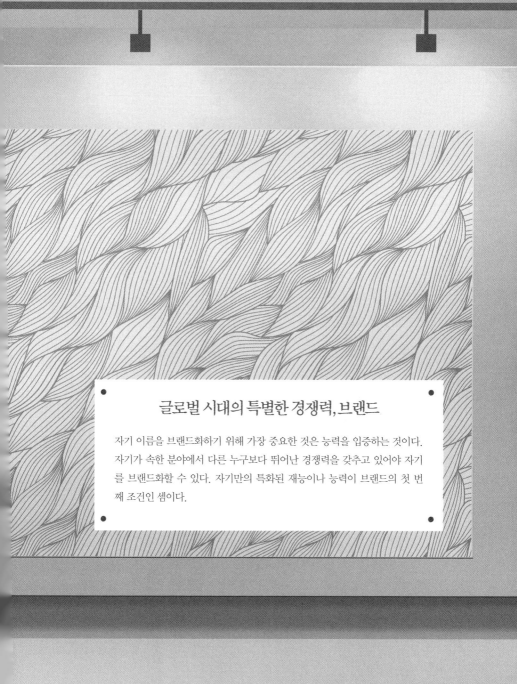

글로벌 시대의 특별한 경쟁력, 브랜드

자기 이름을 브랜드화하기 위해 가장 중요한 것은 능력을 입증하는 것이다.
자기가 속한 분야에서 다른 누구보다 뛰어난 경쟁력을 갖추고 있어야 자기
를 브랜드화할 수 있다. 자기만의 특화된 재능이나 능력이 브랜드의 첫 번
째 조건인 셈이다.

1

자기 이름을 브랜드화하라

　빌 게이츠, 박지성, 김연아, 배용준……. 모두 이름만 들어도 금방 알 수 있는 유명 인사들이다. 그들의 이름은 단순한 이름 이상의 가치를 지닌다. 다른 누군가와 구분하기 위한 의미에서의 이름, 누군가 나를 부를 때 필요한 이름을 넘어 이름 석 자가 브랜드 역할을 한다. 굳이 자신이 누구인지 설명하지 않아도 무엇을 하는 사람인지 이름이 말해준다. 무엇보다 그들의 이름은 신뢰를 준다. 각각 자기가 몸담고 있는 분야에서 최고로 인정을 받기 때문이다. 그들은 걸어다니는 기업과도 같다. 그들이 1년에 벌어들이는 수익은 웬만한 기업의 1년 매출액과 맞먹는다.

　빌 게이츠처럼 회사보다 자기 이름의 가치를 더 빛내기란 쉬운 일이 아니다. 그렇지만 상상해보자. ○○회사에 다니는 아무개가 아닌

자신이 속한 분야에서 최고의 브랜드를 만들어라

○○○라는 사람이 다니는 ○○회사를 만들 수 있다면 그것만큼 짜릿한 일도 없지 않을까?

불가능한 일이 아니다. 이미 회사 브랜드 가치에 기대어 자신의 가치를 높이려 하지 않고 스스로 자기 이름을 회사 이상의 가치를 지닌 브랜드로 만든 사람들이 많다. 비록 전국적으로는 브랜드 가치를 알리지 못했어도 자기가 몸담고 있는 분야에서는 브랜드 가치를 인정받는 사람들은 꽤 많다.

굳이 세계적으로 이름을 알릴 필요는 없다. 자기가 속한 분야에서 자기 이름 석 자가 통하는 정도면 충분하다.

자기 이름을 브랜드로 만드는 가장 좋은 방법은 자기 분야에서 최고가 되고자 노력하는 것이다. 회사보다는 자기 이름을 걸고 최선을 다해 열심히 일하다 보면 자연스럽게 이름 석 자가 브랜드로 발전한다.

사업을 하다 보면 회사 자체는 그다지 신뢰가 안 가는데, 담당자가 무척 마음에 드는 경우가 있다. 책임감을 갖고 열심히 일하는 모습이 믿음직해 그 회사에 대한 불안감을 접어둔 채 담당자를 믿고 일을 시작하기도 한다. 담당자가 기대를 저버리지 않고 잘 끝냈다면 적어도 그 담당자의 이름은 나에게는 브랜드로 인식되기 시작할 것이다. 즉, 내가 그렇게 일한다면 내 이름을 신뢰하는 사람은 늘어가고, 내 이름은 브랜드로 자리 잡게 될 것이다.

| 이미지도 브랜드다 |

자기 이름을 브랜드화하기 위해 가장 중요한 것은 능력을 입증하는 것이다. 자기가 속한 분야에서 다른 누구보다 뛰어난 경쟁력을 갖추고 있어야 자기를 브랜드화할 수 있다. 자기만의 특화된 재능이나 능력이 브랜드의 첫 번째 조건인 셈이다.

여기에 이미지를 더하면 브랜드의 가치는 시너지 효과를 낸다. 실력만 있으면 됐지, 굳이 이미지까지 신경 써야 하느냐고 생각하는 사람도 있을 것이다. 그런데 이미지는 브랜드 가치를 결정짓는 데, 전부는 아니지만 브랜드를 좀 더 확실하게 각인시키는 데에는 큰 도움이 된다.

지금은 고인이 된 앙드레 김을 떠올리면 누구나 흰색 의상이 생각날 것이다. 데이비드 베컴을 떠올리면 닭 볏처럼 뾰족하게 솟은 머리를 자연스럽게 연상할 것이다. 이들이 실력 없이 이미지 메이킹만 앞세웠다면 조롱받았을 것이다. 그러나 이들은 탄탄한 실력에 이미지까지 더해 브랜드 가치를 수직 상승시켰다.

때로는 이미지가 브랜드 가치를 넘어 결정적인 역할을 하기도 한다. 코카콜라는 정말 톡 쏘는 그 맛 때문에 세계인이 즐겨 마시는 음료수가 된 것은 아니다. 다른 콜라 회사가 흉내 낼 수 없는 코카콜라 특유의 맛이 있기는 하지만 사실 맛의 차이는 그리 크지 않다. 그보다는 독특한 디자인의 코카콜라 로고와 여성의 몸매를 닮은 디자인의 용기가 오늘날 코카콜라 브랜드 가치를 만들었다고 이야기하는 사람들이 많다. 만약 코카콜라 용기를 소주병으로 바꾼다면 어떻게 될까? 아마도 소주병에 담긴 코카콜라를 거부감 없이 사서 마실 사람은 그리 많지 않을 것이다.

이처럼 이미지는 브랜드의 가치를 만드는 데 많은 영향을 미친다. 따라서 이왕이면 많은 사람에게 호감을 주고 강렬한 인상을 남길 수 있는 이미지를 만드는 것이 좋다.

이미지 메이킹의 핵심은 자신만의 트레이드마크를 만드는 것이다. 좋은 옷을 입고 화장을 진하게 하는 것이 아니다. 남들이 확실하게 기억할 만한 포인트를 살리는 것이 중요하다. 가수 박상민은 선글라스로 자신만의 색깔을 부각시켰고, 아이돌 그룹인 브라운아이드걸스의 가인은 진한 스모키 화장을 자신의 트레이드마크로 삼았다.

미국의 한 유력 정치인은 항상 가슴에 붉은 카네이션을 꽂고 다닌다. 붉은 카네이션 덕분에 사람들은 그 정치인을 쉽게 기억했고, 온화하고 부드러운 이미지로 인식했다.

찾아보면 요란하지 않으면서도 자신만의 색깔을 잘 나타낼 방법은 많다. 거부감을 주지 않으면서도 강렬한 인상을 남길 방법을 고민해 자신을 멋지게 포장해보자.

2
Chapter

나만의 브랜드를 만들어라

성공적으로 자신의 브랜드를 만든 사람들은 대부분 자신이 좋아하는 일에 승부를 걸었다. 좋아하는 일을 하면 몰입이 잘되고, 즐거우며, 남들보다 쉽게 배우고, 더 잘할 수 있다. 당연히 큰 성과를 올리게 되고 그 분야에서 정상에 오를 수 있다.

과학자들에 의하면 자신의 재능에 맞게 일을 할 때 150개의 뇌세포가 전부 그 일에 투입되어 몰입하므로 큰 성과를 낼 수 있다고 한다.

마이크로소프트를 설립한 빌 게이츠는 이렇게 말했다.

"저는 세상에서 가장 신 나는 직업을 갖고 있습니다. 저는 제가 좋아하는 일을 하고 있기에 열심히 하고 심취할 수 있습니다."

| 자신이 좋아하는 일인 직업 |

요즈음 자신이 좋아하는 일을 직업으로 삼고자 전보다 더욱 노력하며, 어렵게 잡은 직장도 좋아하는 일이 아니라고 생각되면 미련 없이 버리고는 자신이 좋아하는 일을 찾는 경향이 높아졌다. 그러나 자신이 좋아하는 일을 직업으로 택한 사람의 비율은 20퍼센트에 지나지 않는 것으로 한 조사에 의해서 밝혀졌다. 그리하여 이직률이 높아지고 1년도 안 되어 직장을 옮기는 일이 자주 일어나고 있다.

자신만의 브랜드를 만들기 위해서는 자신이 좋아하는 일을 찾아야 한다. 자신이 즐겁게 할 수 있는 일을 발견하고, 자신의 재능에 맞는 일을 찾아 거기에서 자신의 브랜드를 만들 때 치열한 경쟁에서 이기고 즐겁게 인생의 여정을 갈 수 있다.

우리는 모두 살아가야 할 인생에 가장 적합한 재능을 가지고 이 세상에 태어났다. 우리가 갖고 태어난 재능은 선천적이면서 운명과 연결되어 있으며, 그 재능을 최대한 발휘해 그것으로 자신만의 브랜드를 만들고, 그 브랜드로 자신만의 고유한 삶을 살고 정상에 오르도록 해준다.

물론 노력은 어디에나 도움이 된다. 그러나 좋아하지 않고 재능이 없는 데다 쏟기보다는 본연의 재능을 살리고 그 재능을 열심히 갈고닦으며 노력한다면 더욱 성공할 것이다. 따라서 자신의 재능이 무엇인지 알고 그것을 찾아내어 정말로 잘하는 일을 하는 것이 정상에 오르는 최선의 방법 중 하나다.

미국의 스포츠 방송국 ESPN이 '20세기 북미 최고의 운동선수'로 뽑았던 마이클 조던은 선수생활 동안 최우수상을 다섯 번이나 탔으며, 득점 기록을 열 차례나 바꾸었으며, NBA 결승전 최우수선수상을 세 차례나 받았다. 그는 자기 팀인 시카고 불스를 여섯 번이나 우승으로 이끌었다. 그런 그가 정상의 자리에 있을 때 갑자기 농구코트를 떠났다. 시카고 불스를 세 번이나 우승으로 이끈 시기였다.

조던은 농구가 아닌 새로운 분야에 도전했다. 그는 자신의 아버지가 그토록 염원하던 야구선수가 되기 위해 메이저리그에 도전한 것이다. 조던은 농구할 때와 마찬가지로 모든 열정을 야구에 쏟아 부었다. 농구할 때의 운동신경은 여전히 발동되었으며, 누구에게도 지지 않으려는 경쟁심도 농구를 할 때와 마찬가지였다. 그러나 그는 앨라배마 마이너리그팀에서 한 시즌 동안 무려 104번이나 삼진을 당했고, 타율은 고작 2할 2리에 그쳤다. 그는 야구선수로서는 완전히 실패하고 만 것이다.

농구에서 탁월한 재능을 발휘했으므로 야구에서도 그와 같은 성과가 나올 것이라고 생각했던 조던은 큰 착각을 한 것이다. 비록 같은 운동이라도 농구선수로서의 재능이 야구에서는 통하지 않은 것이다. 그의 재능은 농구선수로서 가장 적합하다는 것을 입증한 셈이다.

그는 야구선수로서 1년 만에 비참한 패배를 맛본 뒤 다시 농구선수로 돌아갔고 팀에 연속 3회 우승이라는 놀라운 성과를 안겨주었다. 조던의 브랜드는 바로 최고의 농구선수였다.

3
Chapter

자신이 잘하는 일로 브랜드를 만들어라

사람들은 선천적 재능이나 능력과 관계 있는 분야에서 극대화를 이루어야 하는데, 야구선수에 도전했던 조던처럼 자신의 재능과는 상관 없는 분야에서 열심히 노력하여 성공하려고 한다. 문제는 자신의 천부적 재능이 어떤 분야에서 발휘될지를 알면서도 다른 분야에서 성공을 거두고자 애쓴다는 점이다.

바다거북은 바다에서 살 수 있도록 수영에 탁월한 재능을 부여받았다. 그들은 바다에서 시속 35킬로미터까지 속력을 내면서 달릴 수 있다. 바다에서 가장 깊이 잠수할 수 있는 능력과 항해 능력은 동물중에서 최고라고 한다.

그러나 바다에서 그렇게 민첩한 거북도 육지에서는 힘들어하는 연약한 존재에 불과하다. 그래서 수컷 거북들은 태어나서 백사장을 건널 때 말고는 육지로 올라오는 법이 없다. 자신이 육지에서는 가장 무능하다는 사실을 알기 때문이다.

바다거북은 바다에서 뛰어난 재능을 발휘할 수 있음을 알기에 바다에서 생활하는 데 필요한 재능을 키우고 발전시키는 데에 힘을 쓰고 있다. 즉, 수영이나 잠수나 항해 등의 일로 대부분의 시간을 보내는 것이다.

바다거북은 태어날 때부터 바다에서 생활하기에 가장 적합한 재능을 부여받았다. 그들은 태어날 때부터 바다에서 성공하기 위한 필수 요소인 재능이 몸과 머리에 가득 차 있다.

그런데 이들이 바다에서 육지에 올라올 때의 일을 상상해보라. 육중한 몸을 이끌고 바다에서처럼 부력(浮力)이 없고, 대신에 지구의 중력을 받으면서 기어 다니려니 얼마나 힘들겠는가?

힘들게 해변을 기어 다니는 거북처럼 자신의 재능과 관계없는 분야에서 고군분투하고 있는 사람들이 많다. 그들 대부분은 바닷속을 힘차게 헤엄치고 있는 바다거북이 아니라 해변을 기어 다니는 거북처럼 힘들게 하루 일과를 하고 있다.

당신은 제대로 재능을 살리지 못하고 재미없고 지루하게 시간을 보내고 있지는 않은가? 자신의 재능과 관계없는 일을 열심히 하면서 스스로를 정상에서 멀어지도록 만들고 있지는 않은가?

| 잘하는 분야를 찾으면 브랜드를 갖게 된다 |

당신은 어떤 일을 잘하는가? 어떤 일에 자신이 있는가? 무엇을 할 때 선천적 재능이 발휘되고 있는가? 무엇을 할 때 당신의 천부적인 재능을 활용하게 되고, 많은 시간을 즐겁게 보내게 되는가?

이 물음에 대답할 수 있으면 당신은 세상에서 인정해주는 당신만의 브랜드를 가진 것이며 그 브랜드를 통해 세상을 평탄하게 살 수 있다.

4
Chapter

자신의 천부적인 재능이 브랜드를 만든다

자신의 재능이 무엇인지 제대로 파악하는 것이 무엇보다 중요한데, 그 일에서 걸림돌은 문화적인 가치관이다.

오늘날 세계의 여러 나라에서 자신의 장점을 강조하는 자세를 꺼린다. 왜냐하면 그런 태도가 마치 거만하거나 잘난 체한다고 여겨지기 때문이다.

자신의 장점을 파악하고 그 재능을 나타내기 위해서는 먼저 다른 사람의 재능을 파악하는 일부터 하는 것이 좋다.

스포츠나 연예계에서 두각을 보이는 사람들이 있거나 아니면 직장 동료나 동급생 중에 어떤 특정 분야에서 두각을 나타내는 사람이 있다면 그들의 재능이 무엇인지 곰곰이 생각해보라. 그리고 적당한 시기에 그들이 자신으로부터 무엇을 발견했는가에 대해서 그들에게 물어보라. 그러면 그 사람은 당신에게 어떤 재능이 있는지 알려줄 것이다. 이때 그들의 판단이나 생각을 존중하여 받아들인다면 당신만의 브랜드를 만들 수 있다. 때로는 누군가 당신의 재능을 파악하여 알려주면 그것이 당신의 가치를 높여주는 브랜드가 되고, 인생을 완전히 바꾸는 기회가 될 수도 있다.

다른 사람, 특히 당신이 존경하는 은사나 선배 또는 멘토로부터 당신의 재능이 무엇인가에 대해 들을 수만 있다면, 자신의 천부적 재능이 무엇인지 파악하는 데 큰 도움이 될 것이다. 하지만 이런 일은 대다수 사람들에게 일어나지 않는다. 특히 우리나라 사람들은 남의 일에 관심을 가지지 않기 때문에 남의 재능을 파악하는 일도 힘들거니와 설령 알고 있더라도 말해주지 않는 것을 예의로 생각한다.

자신에게 어떤 재능이 있는지 스승이나 선배나 멘토에게 물어보는 것은 절대로 부끄러운 일이 아니다. 다만, 직접 물어보면 쉽게 대답해주지 않을 수도 있다. 이메일이나 서신으로 물어보면 대답을 들을 수도 있다. 서신으로 문의할 때 상대방에게 답변이 곤란하면 익명으로 해줄 것을 요구하면 좀 더 쉽게 대답을 얻을 수 있을 것이다.

만약 우리가 천부적인 재능에 맞춰서 일을 하거나 진로를 결정했다면 우리는 자신만의 브랜드를 만들어낼 수 있다고 말할 수 있다.

하지만 자신의 운명과 직결되는 재능을 다른 사람이 알아내주기만 무작정 기다릴 수는 없다. 그렇게 마냥 기다리는 것은 어리석은 짓이다. 이런 자세는 어쩌면 남이 어떻게 생각하느냐에 많은 관심을 가지고 남의 생각에 연연하는 것과 마찬가지다. 스스로 파악해야 한다. 결국 자신의 브랜드를 만들기 위해서 재능을 찾는 일은 자신의 책임이다.

자신의 재능을 찾기 위해 다른 사람의 재능을 발견하는 능력을 키우는 것도 한 방법이다. 남을 관찰하듯 자신을 냉철하게 관찰하라. 언제 어디서 성공할지를 관찰하라.

지금까지 이룬 어떤 형태의 성공이라도 자신의 브랜드를 만드는 단서가 된다.

살면서 성공적이라고 느꼈던 경험을 기억해보라. 중학교 시절 훌륭한 성적을 올렸을 때, 학교 연극에 참여해서 스타가 되었을 때, 운동경기에서 승리했을 때, 자신에게 어떤 능력이 있음을 깨달았을 때를 기억해보라.

어린 시절에 재능을 보였는데도 부모나 선생이 이를 알아차리지 못하는 경우가 많다. 예를 들어 컴퓨터 학원에 다니면서 어린 나이에도 불구하고 주위의 또래보다 특출하여 선생님으로부터 칭찬을 받았거나 자격증이나 상장을 받았다고 하자. 그런데 갑자기 진학 때문에, 공부가 우선이라는 부모님 때문에 그만둔 경험이 있다고 치자. 그때 컴퓨터에 대해서 나이답지 않게 잘했다고 칭찬받은 일을 성공으로 기록하라.

가급적 많은 예를 기록하여 긴 목록을 만드는 것이 좋다. 지금 현재 당신이 잘하고 있는 일도 찾아보라. 어떤 문제로 고민하는 친구를 만나 상담을 통해 그에게 도움을 준 일이 있다면 그것도 기록하라.

| 매력적으로 느꼈던 일을 찾아라 |

학교 다닐 때 지리 과목에서 매우 좋은 성적을 올렸다고 하자. 그런데 우수한 성적을 올린 것이 지리 과목을 좋아해서가 아니다. 좋아하지도 않고 지리 시간이 지루했지만, 좋은 성적을 올리기로 결심하고 참고 열심히 공부하여 좋은 성적이 나왔다면? 당신의 재능은 '결단력', '끈기'라고 할 수 있다. 이런 재능은 모두 긍정적이며, 당신이 경쟁에서 이기는 데 많은 도움이 될 것이다.

재능을 발견하는 또 한 가지 방법은 새로운 일을 시도하는 것이다. 당신이 매력을 느꼈던 일이나 자석처럼 이끌렸던 새로운 활동을 시도해보라. 특별히 매력을 느끼지 않았더라도 재능이 무엇인지 알기 위해서는 시도해보는 것이 좋다. 실제로 무슨 일을 해보기 전에는 나만의 진정한 재능을 알 수 없기 때문이다.

우리 대부분은 매일 똑같은 일정과 업무를 반복하고 있다. 이렇게 일상의 일만 반복하다 보면 자신에게 어떤 재능이 있는지 제대로 파악할 수 없다. 따라서 지금까지 반복해오던 일과는 전혀 다른 분야나 일에 도전해보면 좋다. 그렇게 하면 나만의 재능이 무엇인지 알 기회가 생긴다.

자신의 천부적인 재능을 알기 위해서 마지막으로 해야 할 일은 새로 발견한 재능과 지금까지 선천적 재능으로 알고 있던 재능을 모두 기록하여 목록을 작성하는 것이다. 그럼으로써 어떤 분야에서 다른 사람보다 뛰어난지를 알아야 한다. 그중에서 가장 뛰어난 부분을 찾아 그 분야에 대한 재능을 개발할 수 있다.

목록을 가지고 해야 할 일은, 자신의 잠재력이 드러난 서로 다른 활동과 영역 사이에 어떤 유사점이 있는지 살펴보는 것이다. 자신의 특별한 능력 중에서 일정하게 반복해서 나타내는 주제를 찾을 수 있다면 그것이 바로 내가 해야 할 방향인 것이다.

재능을 찾을 때 직업으로 활용할 수 있는 실용적인 면만 생각해서는 안 된다. 우리의 재능은 거의가 개발되지 않아서 직장이나 학교에서 쉽게 나타나지 않는다. 자신의 선천적인 재능이 무엇인지 직업이나 학업의 영역을 넘어서 멀리 보라. 그렇게 하는 과정에 당신 재능에 걸맞은 자리를 찾는 방법을 터득할 수 있다. 그리고 그 자리에서 열심히 노력할 때 자신만의 독특한 브랜드를 창조할 수 있다.

5

Chapter

새로운 분야를 개척하라

　자신의 고유한 브랜드를 만들기 위해서는 자신의 재능을 더 많이 찾으려고 노력해야 한다. 우리가 많은 재능을 갖고 태어났을지라도 일부는 수십 년간 나타나지 않고 잠복해 있다. 일단 발견하더라도 그 재능은 전혀 개발되지 않은 상태이므로 훈련하고 갈고닦아 완벽하도록 만들어야 한다.

　무엇보다도 중요한 것은 자신의 재능을 세상에 보여줄 가장 적합한 장소와 기회 또는 상황을 찾는 일이다. 자신의 재능이 잘 발휘될 수 있는 상황은 우리 자신을 먹여 살릴 수 있는 브랜드가 만들어지고 그것이 다른 사람에게 많은 영향력을 발휘할 때다.

　자신의 재능을 최대한 발휘할 수 있는 기회와 상황을 발견하는 방법은 여러 가지다. 그중 하나가 새로운 일을 해보는 것이다. 지금까지 해보지 않은 새로운 일을 하다가 시행착오를 겪어도 상관없다. 오히려 그것이 재능을 발휘할 상황을 찾는 좋은 기회가 될 수 있다.

어떤 때는 예기치 않게 느닷없이 기회가 찾아오기도 한다. 그러면 지금까지 안주하고 있던 보금자리를 박차고 떠나라. 지금까지 살면서 거쳐온 상황들이 자신의 재능을 키우고 발전시켰지만, 성장을 위해서, 보금자리를 떠나 도전해야 한다. 나만의 천부적인 재능을 발휘할 수 있는 환경을 찾아야 한다.

적재적소에서 자신의 재능을 발휘하면 우리에게도 유익하다. 세상에서 자신의 재능을 드러내고 전달하는 일은 곧 다른 사람을 이롭게 할 뿐만 아니라 자신도 이롭게 한다. 이런 일이 일어나면 에너지의 파장이 생긴다. 자신이 할 수 있는 가장 좋은 것에 재능을 발휘하면 내가 내뿜는 에너지의 파장은 다시 나 자신에게로 돌아온다.

┃ 재능을 발휘하기 위한 세 가지 조건 ┃

재능을 발휘하기 위해서는 세 가지 조건이 따른다. 첫째, 소질이 있어야 하고, 둘째, 그 소질을 해당 분야에서 교육받고 훈련을 통해 개발해야 하며, 셋째, 소질이나 잘할 수 있는 분야를 생업으로 가져야 한다.

세계적인 화가 피카소는 태어날 때부터 그림에 소질이 있었고, 아버지 덕분에 스페인 왕립 미술학교에서 제대로 교육을 받았으며, 평생 그림을 그릴 수 있는 생업을 가졌다.

피카소에 비해 우리나라의 이중섭이나 장승업은 이 세 가지 조건에 맞지 않아 빛을 보지 못한 대표적 사례다.

이중섭은 그림을 잘 그렸으나 불행하게도 그림만 그리며 살 수 있는 형편이 안 되어 부산역 앞에서 짐꾼 노릇을 하며 살았다. 그리하여 그는 천재다운 업적을 풍부하게 남기지 못했다.

한편 장승업도 그림에 천부적 재능을 가졌지만 천한 신분 때문에 교육을 제대로 받지 못했고, 그림에만 전념할 수 있는 생업을 가지지 못했다.

누구든지 잘하는 분야에서 두각을 나타내기 위해서는 부모나 어떤 경로를 통해서든 자신이 잘하는 분야를 발견해야 하며, 잘하는 것을 길러주기 위해 교육과 훈련을 받아야 하며, 그리고 잘하는 분야를 생업으로 가져야 한다. 그때 비로소 브랜드가 만들어진다.

재능을 발견하는 또 한 가지 방법은 새로운 일을 시도하는 것이다.
당신이 매력을 느꼈던 일이나 자석처럼 이끌렸던 새로운 활동을 시도해보라.
특별히 매력을 느끼지 않았더라도 재능이 무엇인지 알기 위해서는 시도해보는 것이 좋다.
실제로 무슨 일을 해보기 전에는 나만의 진정한 재능을 알 수 없기 때문이다.

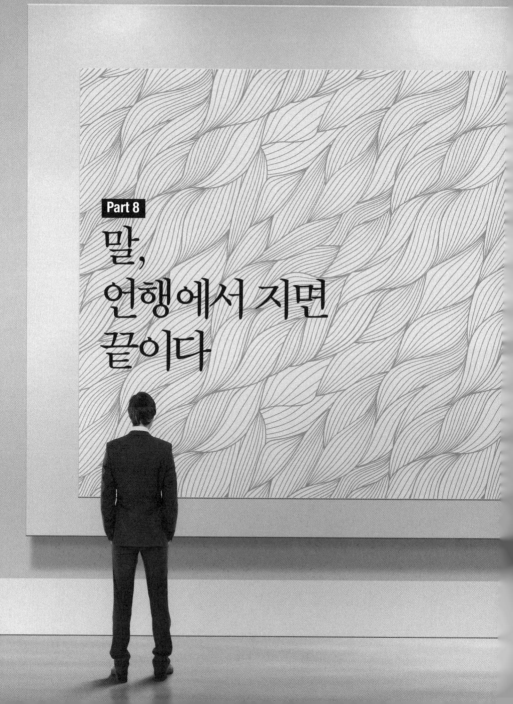

Part 8

말,
언행에서 지면
끝이다

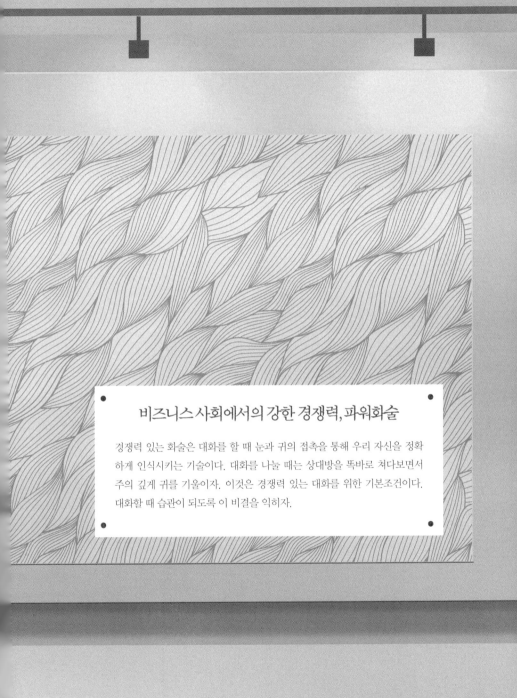

비즈니스 사회에서의 강한 경쟁력, 파워화술

경쟁력 있는 화술은 대화를 할 때 눈과 귀의 접촉을 통해 우리 자신을 정확하게 인식시키는 기술이다. 대화를 나눌 때는 상대방을 똑바로 쳐다보면서 주의 깊게 귀를 기울이자. 이것은 경쟁력 있는 대화를 위한 기본조건이다. 대화할 때 습관이 되도록 이 비결을 익히자.

1
Chapter

경쟁력 있는 화술의 조건

말하는 것을 보면 그 사람의 교양, 마음씨, 인격을 알 수 있다. 즉 말과 인격, 말과 교양은 종이의 앞뒷면과 같아서 훌륭한 인격과 교양을 가진 사람은 자연히 예의 바르고 품위 있는 말을 쓰며, 그렇지 못한 사람은 예의 없고 품위 없는 말을 쓴다.

그러면 경쟁력 있는 화술의 조건은 어떤 것일까?

① 자신의 품위를 높여주는 화술이다.

천천히 낮은 목소리로 대화하면 상대에게 호감과 안정감을 준다. 또 자세를 바로 하고, 부정적인 표현보다는 긍정적인 표현을, 명령형보다는 청유형을 사용하는 것이 바람직하다. 자신보다 지위가 낮고 나이 어린 사람에게도 공손히 말한다면 당신의 품위는 더욱 높아질 것이다.

② '123법칙'을 활용한다.

대화할 때는 바른 자세로 상대를 바라보며 긍정적인 생각으로
임해야 한다. 말을 잘하는 것도 중요하지만 더욱 중요한 것은 상
대방의 말을 잘 경청하는 것이다. 자신이 하고 싶은 말은 1분만
하고, 상대방의 말은 2분 이상 들어주며, 맞장구치는 데 3분을
쓰는 '123법칙'에 충실한다면, 상대방은 '저 친구는 나를 이해해
준다'고 생각하여 당신을 신뢰할 것이다.

③ 화제 선정에도 상대방을 배려한다.

좋은 대화가 되려면 먼저 상대방에 대해 이해한 후 공통된 화제
를 선택해야 한다. 대화의 주제로 정치, 종교, 사생활에 관한 것
은 가급적 피해야 하며, 만날 때마다 자신의 성공담이나 실패담
을 장황하게 늘어놓는 것도 삼간다.

말을 좀 더 효과적으로 전달하기 위해서는 자연스런 제스처가
필수다. 이러한 몸짓은 상대방의 이해의 폭을 넓힐 뿐만 아니라
자신의 프로페셔널다운 면모를 보여주기에도 좋다. 다만 상대방
이 불편을 느낄 만큼 지나치게 해서는 안 되며, 특히 손가락으로
특정인을 가리키는 것은 부정적인 메시지로 받아들여질 수 있으
니 주의해야 한다.

④ 비어 및 속어를 사용하지 않는다.

어떤 사람의 첫인상을 판단할 때 외모 못지않게 중요한 것은 바로 그 사람이 사용하는 말투다. 올바른 언어, 공손한 말투는 자신을 한층 더 돋보이게 한다.

⑤ 종업원을 부를 때는 손을 들거나 "여보세요"라고 말한다.

음식점에서 주문을 하거나 그 밖의 요구 사항이 있을 때는 소리 내어 부르지 말고 손을 들어 표시하자. 이것은 종업원에 대한 예의 차원이다. 종업원이 아무리 어려도 "어이, 아가씨. 나 좀 봐!" 하지 마라. 또한 "언니!" 혹은 "오빠!" 등의 호칭은 사용하지 않는 게 좋다.

⑥ 공적인 장소에서는 아무리 친한 사이라도 경어를 사용한다.

공적인 장소에서는 아무리 친한 사이라도 경어를 사용하는 것이 예의다. 경어란 상대를 공경하는 뜻의 말이다. 방송이나 집회나 토론장 등의 공공장소에서 상대를 존중하는 차원에서 적절하게 사용할 수 있는 언어다.

⑦ 폐를 끼쳤을 때는 사과의 표현을 한다.

"죄송합니다", "미안합니다"라는 말은 기본적인 인사말임에도 불구하고 종종 쉽게 무시되곤 한다. 실수하고도 어색해서, 또는 별일 아닌 것처럼 느껴서 이런 기본적인 말조차도 하지 않는다면 상대방은 자신이 무시당하고 있다고 느낄 것이다.

⑧ **도움을 받았을 때는 반드시 감사의 표현을 한다.**

우리나라 사람들은 "감사합니다"라는 말에 인색하다. 평소 접하는 친절에는 마음속으로는 고마움을 느끼지만 제대로 표현하지 못한다. 그런데 누구나 큰 도움을 준 사람들에게는 고마운 마음을 곧잘 표현한다. 호의가 크든 작든 상관없이 남에게 사소한 도움이라도 받았을 때에는 감사의 인사를 하는 것이 좋다. 또 "고맙습니다"라는 인사를 받았다면, "언제든지 또 말씀하세요" 등으로 응대하는 것이 좋다.

2
Chapter

경쟁력 있는 화술의 열두 가지 비결

경쟁력 있는 화술은 대화를 할 때 눈과 귀의 접촉을 통해 우리 자신을 정확하게 인식시키는 기술이다. 대화를 나눌 때는 상대방을 똑바로 쳐다보면서 주의 깊게 귀를 기울이자. 이것은 경쟁력 있는 대화를 위한 기본조건이다. 다음의 비결들은 너무 당연한 사실이어서 많은 사람이 잘 알고 있는 것들이다. 그러나 문제는 제대로 활용하지 않는다는 데 있다. 대화할 때 습관이 되도록 이 비결을 익히자.

① 정확하게 자신을 소개한다.

마주보고 말하든 전화로 얘기하든 이름부터 밝힌다. "만나서 반갑습니다. 저는 ○○○입니다" 혹은 "안녕하세요? 저는 ○○○입니다"라고 말한다. 처음 이야기를 시작할 때, 상대가 '내가 지금

누구하고 얘기하는 거지?'라는 생각을 하게 만드는 것만큼 본래
의 의도에서 빗나가게 하는 요소도 없다.

② 대화에 보탬이 되는 간결하고 정확한 손동작을 개발한다.
이는 여성에게나 남성에게나 모두 필요한 제스처다. 우선 손을
활짝 펴서 호감을 표시한다.

③ 상대의 이름을 기억한다.
이는 우리가 다른 사람에게 갖춰야 할 가장 중요한 예의다. 누군
가 자신을 소개할 때에는 주목하고 곧 그의 이름을 불러준다.
"○○○ 씨, 만나서 반갑습니다."
혹시 이름을 정확히 알아듣지 못했을 때는, "죄송합니다. 잘 못
들었습니다"라고 하여 상대의 이름을 정확히 인지해야 한다.

④ 말을 할 때는 상대방과 눈을 마주친다.
상대가 말할 때 그의 눈을 똑바로 쳐다본다. 눈을 마주치는 것은
당신이 상대에게 말하는 내용에 대한 확신을 줄 뿐만 아니라 상
대의 말에 가치를 부여하고 있음을 나타내준다.

⑤ 긍정적인 생각을 한다.
늘 '사람들이 나와 얘기하는 것을 좋아하도록 할 거야' 하는 태
도를 지닌다. 가급적 상대방에게 도움이 되는 말을 하고 그가 관
심을 기울이는 것에 관하여 질문한다.

⑥ **적극적으로 말한다.**

행복한 표정은 보는 사람도 기분 좋게 한다. 일하면서, 생활하면서 얻는 즐거움을 다른 사람과 함께 공유해보자.

⑦ **신중하게 듣는다.**

누군가 나에게 하는 말 중에는 다른 사람에게 전달되지 않기를 바라는 내용도 있다. 상대방에게 신뢰감을 준다면, 그는 나와 애기하면서 편안한 기분을 가질 것이다.

⑧ **이기적인 태도보다는 이타적인 태도로 대화한다.**

다른 사람의 생각에 관심을 보여라. 진심으로 관심을 기울이면 그 마음이 전달되어 상대에게 신뢰감을 줄 수 있다.

⑨ **상대방에게 중요한 사람이라는 느낌을 심어준다.**

이는 상대에게 신경을 집중하기만 하면 되는 일이다. 대화하는 이 순간에는 그의 일과 고민, 문제점만이 가장 중요한 것처럼 행동한다.

⑩ **상대방의 말을 충분히 이해했다는 확신을 준다.**

잘못 해석하고 잘못 이해한 데서 비롯되는 오해는 다른 어떤 이유보다 우리의 마음을 아프게 한다. 상대가 한 말을 자신이 확실히 이해했는지의 여부를 확인한다.

⑪ **회의나 약속 시간을 꼭 지킨다.**

지각은 '이 일은 나한테 중요하지 않다'는 의미를 행동으로 보이는 것과 다름없다. 피치 못할 사정으로 늦게 될 경우에는 미리 전화를 해서 늦는 이유를 솔직히 설명하고 언제쯤 도착할지를 정확히 밝힌다.

⑫ **상대의 입장을 먼저 생각한다.**

사람들이 무엇을 원하는지, 나와 무엇이 다른지를 알고 그들의 시선으로 세상을 보려고 노력하자. 어떻게 해야 상대와 가까워질 수 있는지 깨닫는다면, 지금보다 훨씬 훌륭한 대화를 할 수 있을 것이다.

3
Chapter

신뢰를 주는 화술을 사용하라

마음에도 없는 소리를 능숙하게 잘하는 사람보단 어눌하지만 진실하게 말하는 사람에게 더 신뢰가 가는 까닭은 무엇일까? 말은 기술이나 방법이 아니라, 마음을 담아내는 그릇이기 때문이다.

상대에게 신뢰를 주는 화술에는 다음과 같은 방법이 있다.

① 진실한 말로 감동을 전한다.

수백 마디의 달변보다 솔직담백한 한마디가 더욱 진한 감동을 줄 수 있다. 꼭 필요한 말을 하되, 간단명료하게 말하며 쓸데없는 사족을 달지 않는다.

② 쉬운 표현으로 기억에 남긴다.

미사여구나 현학적인 표현으로 치장하는 것은 대화에 오히려 역효과를 가져온다.

③ 말을 아낀다.

현대는 쌍방향 커뮤니케이션의 시대다. 성공한 사람은 자기 이야기만 함으로써 듣는 사람을 지루하게 만들지 않는다. 또한 남의 이야기를 많이 들을수록 그만큼 많은 정보를 얻을 수 있다.

④ 눈을 맞춰 확실하게 설득한다.

대화할 때 눈 맞추는 것을 피하면 솔직하지 못한 사람으로 비칠수 있으므로 주의한다.

⑤ 감각적으로 표현한다.

감각어를 적절히 구사할 줄 아는 사람은 대화에서 성공적인 효과를 얻을 수가 있다. 사람들은 무미건조한 말보다는 감각을 자극하는 정감 있는 말을 즐기는 경향이 있기 때문이다.

⑥ 솔직함으로 웃음을 준다.

솔직한 유머를 표현하되, 무례를 범하지 않도록 주의한다.

⑦ 거절과 부탁은 확실하게 한다.

거절은 미안하다는 진심을 담아 예의 바르고 확실하게 해야 한다.

⑧ 말의 성격과 옷차림을 하나로 매치시킨다.

때와 장소, 상황에 맞는 옷차림은 대화의 기본 선행조건이다.

⑨ 남보다 반 박자 앞선 화제를 구한다.

남보다 지나치게 앞서면 외면당하기 쉽고 똑같다면 유행에 따른 낡은 이야기가 된다.

⑩ 한 박자 늦춰 말한다.

한 발 앞서 말하는 사람은 경박하고 주책없는 사람으로 낙인 찍히기 십상이다. 말의 진행 속도나 내용 면에서 절대로 앞서가는 말로 상대에게 불쾌감을 주거나 신용을 떨어뜨려서는 안 된다.

⑪ 목소리에도 표정이 있다.

목소리의 표정은 말투와 말씨로 나타난다. 좋은 목소리 표정을 내기 위해서 자신의 목소리를 다음과 같이 가꾼다.

- 자신의 목소리를 녹음해서 들어본다.
- 신문이나 책을 크게 소리 내어 읽어본다.
- 말을 할 때는 의도적으로 배에 힘을 주어 발음한다.
- 난처한 질문을 받을 경우, 정확한 답변을 피하고 대화의 초점을 흐려놓는 방법 즉, 스텐젤 화법을 적절히 이용한다.

4
Chapter

멋진 대화 상대가 되는 방법

경쟁력 있는 화술에서 또 한 가지 중요한 것은 멋진 대화 상대가 되는 것이다. 멋진 대화 상대가 되지 않으면 상대는 진심을 보여주려 하지 않을 것이며, 마음에 있는 말을 꺼내지 않을 것이다. 상대로부터 진심이 담긴 말이나 정보를 얻으려면 그에 걸맞은 훌륭한 대화 상대가 되어주어야 한다.

멋진 대화 상대가 되는 방법으로는 다음과 같은 것이 있다.

① 지금 상대방과 함께할 수 있는 행동을 찾는다.

식사를 하든 대화를 나누든 보통 때보다 시간을 충분히 잡음으로써 지금 이 순간의 중요성을 강화한다.

② 상대에게 가벼운 선물을 한다.

사소한 것이라도 상대방에게 무언가를 주고 싶다는 마음이 중요하다. 값이 문제가 아니라 관심 자체에 가치가 있는 것이다.

③ 자연스런 스킨십으로 관심을 표현한다.

스킨십을 터부시하는 경향이 있지만, 가벼운 접촉은 감정의 표현이기도 하다.

④ 상대의 탓으로 돌릴 일은 피한다.

결점을 지적해달라고 요구한다든지, 상대를 위해 무슨 일을 하고 있다는 식으로 말하지 않는다. 그것이 원망하는 마음을 만들기도 한다.

⑤ 상대는 물론 나 자신에게도 마음을 연다.

나에게도 상대와 같은 결점이 있는지 살펴보고 그것을 감추려고 하기보다 극복하기 위해 노력한다.

⑥ 내가 좋아하는 것을 상대와 함께한다.

서로의 즐거움을 확인해 어떤 방향으로 가야 할지를 정확히 알아내 함께할 수 있도록 노력한다.

| 지혜를 가지고 여유롭게 말하라 |

버나드 쇼의 극본 「무기와 인간」이 처음 공연되었을 때의 일이다. 관중들은 쇼가 무대에 등장하자 열렬한 박수로 그를 맞이했다. 그가 고개 숙여 감사 인사를 하려는 찰나, 누군가 소리쳤다.

"쇼! 당신의 극본은 누가 봐도 형편없어. 그만 공연을 중지하라고!"

그러자 극장은 일순간 잠잠해졌다. 쇼가 어떻게 반응했을까? 쇼는 눈을 크게 뜨고 빙그레 웃더니 아주 공손하게 대답했다.

"손님, 당신의 지적에 저도 공감합니다. 그런데 안타까운 것은 당신과 나 두 사람이 무슨 힘으로 이렇게 많은 관중에게 맞선단 말입니까?"

일순간 장내는 웃음바다가 되었다. 고의적으로 쇼를 골탕 먹이려던 사람은 슬그머니 자리에서 일어나 도망쳤다.

누군가 당신을 향해 화살을 날릴지라도 당황해서는 안 된다. 그들의 화살은 십중팔구 빗나갈 것이기 때문이다. 그들이 진정 두려워하는 것은 이런 상대방의 여유다.

5
Chapter

마타도르 화술은 절대로 사용하지 마라

'마타도르(Matador)'는 투우 경기에서 주역을 맡은 투우사다. 보조 투우사는 '반데릴레로(Banderillero)'이고, 기마 투우사는 '피카도르(Picador)'라고 한다. '마타도르'는 소를 유인해 칼로 찌른다. 그래서 마타도르는 남을 중상모략하는 정치가나 그런 중상모략을 의미한다.

그러나 이제는 더 이상 이런 방식의 흑색선전이 통하지 않는다. 방송, 신문들은 선거와 후보에 관한 자세한 정보를 전해주고 있으며 특히, 다양한 방송토론을 통해 유권자들은 후보자에 대한 정보와 그의 정책 또는 비전을 전달받을 수 있게 되었기 때문이다. 그럼에도 불구하고 선거 때면 폭로, 비방전이 난무한다.

1984년 미국 대통령 선거에서 레이건 후보와 월터 먼데일 후보의

TV 토론이 있었다. 월터 먼데일 후보가 "당신은 너무 고령이 아니냐?"고 질문하자 레이건은 "나는 상대 후보의 나이가 어리고 경륜이 없음을 문제 삼지는 않는다"고 여유 있게 응수하였다. 레이건은 마침내 선거에서 승리하여 대통령이 되었다.

극단적인 마타도르 방법을 사용하지 않으면서 경쟁에서 이기는 화술법은 두 가지다.

첫째, 공격할 때 간접화법을 사용하는 것이다. 고 김대중 전 대통령은 MBC TV 프로그램 〈21세기 위원회〉에 출연해 "사형선고를 받았을 때 아내가 '김대중을 살려달라'고 하는 게 아니라 '하나님 뜻에 따르겠다'고 기도하는 것을 보고 가장 섭섭했다"고 토로해 폭소를 자아냈다. 또 개그맨 심현섭이 자신의 성대모사로 인기를 얻고 있는 데 대해 "나를 흉내 내서 돈을 많이 벌었으면서 로열티도 내지 않고 과일상자 하나 안 보냈어요"라고 조크를 던지기도 했다.

김영삼 전 대통령은 유머라기보다 특유의 고집과 저돌성으로 주위 사람들을 웃겼다.

다음은 DJ가 회고하는 YS의 저돌성이다. 1980년대 직선제 개헌운동 당시 대여투쟁을 이끌었던 두 사람은 서명운동을 벌이기로 의견을 모았다고 한다.

DJ : 100만인 서명운동을 합시다.
YS : 100만 명이 뭡니까? 1,000만 명 정도는 해야지.
DJ : 1,000만 명이나 서명을 받을 수 있겠습니까?
YS : 누가 세어봅니까? 그냥 하면 되지.

둘째, 거짓말을 절대로 하지 않는 것이다. 아무리 교묘하게 거짓말을 해도 남을 영원히 속일 수는 없다. 혹시 남을 속일 수 있다 해도 자신은 속일 수 없으며 세월이 흐르면서 진실은 밝혀지게 되니 순간을 모면하려다가 평생을 그르칠 수도 있다. 양심의 가책처럼 자신을 괴롭히는 것도 없다.

6
Chapter

경쟁력 있는 대화의 아홉 가지 자세

상대와 소통하는 데에서 경쟁력 있는 대화 자세는 다음과 같다.

① 잘못을 했을 때는 곧바로 용서를 빈다.

우리는 상대방의 잘못에는 촉각을 곤두세우지만 자신의 잘못에
대해서는 지나치게 관용을 베푼다. 여기서 대인관계의 부조화가
발생한다. 운전 중에 차선을 바꾸려고 깜박이를 켜면 뒤에서 천
천히 오던 차가 갑자기 속도를 내어 달려오는 것처럼 말이다. 내
가 잘못하는 것은 있을 수 있는 일이고 남이 잘못하는 것은 용납
이 안 된다는 것은 잘못된 생각이다. 또한 내가 잘못했을 때 사
과하는 것은 부끄러운 일이 아니라 아름다운 일이다.

② 칭찬을 아끼지 않는다.

자기를 칭찬할 줄 아는 사람만이 남을 칭찬할 줄 안다. 이 세상에서 칭찬으로 안 되는 것은 없다. 밝고 건강하게 말하는 훈련을 하다 보면 어디서나 인기 있는 사람이 될 것이다.

③ 대화를 독점하지 않는다.

노래방에 가면 마이크를 독점하는 사람이 환영받지 못하는 것처럼 말도 독점하는 사람은 주는 것 없이 미움을 산다. '말 많은 집의 장맛이 쓰다'는 말은 헛소리가 아니다. 말을 많이 하는 사람은 남들이 자기 말을 즐겁게 듣고 있다고 생각하지만 이는 착각에 불과하다.

④ 감사의 말을 자주한다.

외국인들은 "감사합니다"라는 말을 습관처럼 사용한다. 우리나라 사람들은 꼭 필요할 때만 사용한다. 필요할 때만 하면서도 가장 하기 힘들어하는 말이 감사의 말이다.

사람은 누구나 성공하기를 바란다. 성공하려면 상대와 호감을 주고받으며 좋은 관계를 유지해야만 한다. 그 느낌을 가장 쉽게 연출하는 방법이 바로 "감사합니다"라는 말을 자주 하는 것이다. 예일대학교 생체해부팀에서 원망하며 흥분할 때 피 1시시를 채취해 분석해본 결과 일곱 명을 죽일 수 있는 독소가 들어 있음을 발견했다. 흥분을 잘하고 원망을 잘하는 사람의 건강이 나쁜 것도 이유가 있다.

⑤ 대화 시 감정을 절제한다.

유명한 음식점 중에 욕쟁이할머니집이 있다. 이 집에 들어가면 주인 할머니는 손님에게 무조건 욕을 한다. 그러나 욕을 먹은 사람은 화를 내는 것이 아니라 허허 웃는다. 그 욕은 악의가 있어 하는 것이 아니라 유머라는 것을 알기 때문이다.

반말을 한다고 해서 나쁜 것도 아니고 존댓말을 쓴다고 해서 꼭 좋은 것도 아니다. 내가 아는 어느 부부는 평상시에는 반말을 하지만 서로 냉랭해지면 존댓말을 쓰는데 오히려 섬뜩한 느낌이 들 정도다. 말은 어떤 내용이냐보다 어떤 감정이냐가 더 중요한 것이다.

⑥ 대화할 때도 지형지물을 이용한다.

전투할 때뿐만 아니라 대화할 때에도 지형지물을 이용하는 것이 필요하다. 말하는 장소에 따라 말의 효과가 달라지기 때문이다. 쓰레기 소각장 앞에서 짝사랑하는 사람을 만났다고 치자. 그러나 아무리 고백이 급하다고 해도 이런 장소에서 고백을 한다면 백전백패다. 사랑 고백은 호젓한 오솔길이나 공원의 벤치 아니면 분위기 있는 카페 등이 알맞은 장소다. 사람은 분위기에 영향을 받기 때문이다.

⑦ 배부를 때 설득한다.

갈 때 다르고 올 때 다르다고, 사람의 마음은 시시각각 변한다. 상대를 설득할 때 배고픈 시간은 피해야 한다. 배가 고프면 투쟁

욕이 발동해 보이는 것이 없어지기 때문이다. 투견대회에 내보낼 개는 며칠을 굶긴다. 그래야만 죽기 살기로 싸우기 때문이다. 세일즈맨 교육에서 배고픈 시간에는 사람을 만나지 말라고 알려준다. 이런 시간에는 받아들이기보다는 배타적인 행동을 보이기 때문이다.

⑧ 상처를 주는 말은 하지 않는다.

대부분 생각 없이 입에서 나오는 대로 말을 한다. 이것은 화약을 들고 불 속으로 뛰어드는 것만큼이나 위험천만한 일이다. 부부싸움을 할 때 보면 "당신 그때 이런 소리를 했지?" 하며 어제오늘의 얘기가 아닌, 오래전의 얘기를 끄집어내 따지고 든다. 칼로 입은 상처는 시간이 흐르면 치유되지만 말로 입은 상처는 치유되기 힘들다는 증거다.

⑨ 대화의 윤활유, 유머를 사용한다.

어떤 기계든 윤활유를 쓰지 않으면 망가진다. 같은 맥락으로 대화할 때도 윤활유가 필요하다. 대화에서의 윤활유가 바로 유머다. 미국의 한 지방의회에서는 의원이 단상에 올라간 지 5분 내에 대중의 웃음을 터뜨리지 못하면 내려오게 되어 있다. 이렇게 하다 보니 언제나 축제 분위기가 조성된다.

7
Chapter

말하기 전에 알아둬야 할 일

말하기에 앞서 먼저 염두에 두어야 할 사항은 다음과 같다.

① 말의 내용보다 시각적인 요소에 신경을 쓴다.

미국 UCLA의 앨버트 메라비언 교수에 의하면, 커뮤니케이션에
서 시각적 요소가 상대에게 전달되는 분량의 55퍼센트를 좌우한
다고 한다. 설득력 있는 옷차림, 자신감 있고 편안한 표정, 그리
고 바른 자세가 중요하다.

많은 사람 앞에서 발표하거나 연설할 때 의도적으로 강렬한 색
상, 이를테면 빨간색 의상을 입는 것도 좋은 방법 중 하나다. 이
때의 의상은 당신의 모습을 좀 더 신뢰감 있어 보이게 해준다.

대개 긴장감으로 인해서 표정이 굳어지게 마련인데, 그럴수록

여유 있는 표정으로 상대방이 내가 긴장했다거나 자신감 없어하는 것을 느끼지 못하게 하는 게 좋다. 말하기 직전에 잠시 거울을 보고 간단하게 표정을 풀어주는 것도 좋은 방법이다.

자신 있고 당당한 태도를 유지한다. 구부정하거나 삐딱하게 서면 소극적이고 자신감이 없어 보인다. 가장 당당한 자세는 허리를 꼿꼿하게 펴고 명치끝을 살짝 올리는 자세다. 이때 팔짱을 끼거나 허리에 양손을 올려놓으면 거만해 보이니 주의해야 한다.

② 너무 자주 사과하지 않는다.

사과를 너무 자주 하거나 겸손한 말을 지나치게 많이 하는 것은 상대에게 불쾌감을 줄 수 있다. 또 사과를 하더라도 어린애 같은 말투는 삼가야 한다.

대중 스피치인 경우에는 시작하면서 "제가 말을 잘 못하는데……" 등의 부정적인 표현은 하지 않는 게 좋다.

③ 가능한 한 짧게 이야기한다.

최대한 요약된 간결한 표현으로 결론부터 말한다. 말하는 데 익숙하지 않은 사람들이 흔히 저지르는 실수 중 하나는 말을 장황하게 하고 시간 조절을 못하는 것이다. 녹음해서 들어보는 방법을 사용하면 자신이 얼마나 불필요한 말을 많이 하는지 금방 알 수 있을 것이다.

④ 지나치게 자기 자랑을 늘어놓지 않는다.

자신이 얼마나 능력 있는가를 지나치게 강조하는 사람은 정말 꼴불견이다. 자기를 내세우기보다는 상대가 자부심을 갖고 있는 점을 찾아 인정해주고 칭찬해주는 것이 더 좋은 화법이다.

⑤ 정중한 표현을 쓴다.

초면인 경우에는 상대의 나이에 관계없이 가장 정중한 표현을 쓴다. 간혹 남성이 젊은 여성에게 반말을 하거나 가볍게 말을 하는 경우가 있는데, 비즈니스에서는 완전한 경어를 원칙으로 한다.

⑥ 이름을 외워둔다.

낯선 사람도 자신의 이름을 불러주면 친밀감을 느끼게 마련이다. 그만큼 커뮤니케이션이 쉬워지는 것이다. 따라서 반드시 만남이 끝난 즉시 수첩에 상대방의 특징과 이름을 메모해둔다.

⑦ 특유의 습관을 고친다.

가끔 귀에 거슬리는 부사를 되풀이해서 쓰는 사람이 있다. 예를 들면, "저어", "정말로", "근데", "너무너무", "그래가지고" 등등의 말은 듣는 상대를 피곤하게 만든다. 이런 경우는 녹음이나 타인의 모니터를 통해 고치는 것이 가장 좋다.

⑧ 말끝을 흐리지 않는다.

"이것이 좋다고 생각됩니다만", "꽤 오래갈 거라고 생각되지만"

같은 말은 혼란만 가중시킨다. 어떻게 비교해서 좋은지, 어느 정도의 내용 구성이 있는지를 근거를 대가며 쉽게 설명한다.

⑨ 몸짓을 활용한다.

아무리 유창한 말솜씨를 갖고 있어도 단조로운 몸짓으로는 효과적인 의사 전달이 되지 않는다. 제스처를 적절히 사용하면 듣는 이로부터 관심을 유도할 수 있다.

Part 9

시간 관리는 자신과의 싸움이다

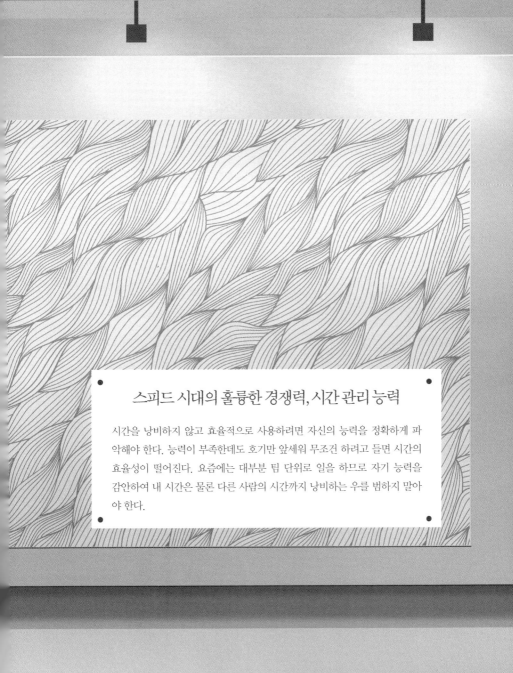

스피드 시대의 훌륭한 경쟁력, 시간 관리 능력

시간을 낭비하지 않고 효율적으로 사용하려면 자신의 능력을 정확하게 파악해야 한다. 능력이 부족한데도 호기만 앞세워 무조건 하려고 들면 시간의 효율성이 떨어진다. 요즘에는 대부분 팀 단위로 일을 하므로 자기 능력을 감안하여 내 시간은 물론 다른 사람의 시간까지 낭비하는 우를 범하지 말아야 한다.

1
Chapter

준비 없이 하루를 시작하지 마라

시간을 잘 관리하려면 하루의 시작부터 잘해야 한다. 그런데 하루를 차분하게 준비하고 맞이하는 사람이 몇이나 될까?

대부분의 사람이 정신없이 하루를 시작한다. 누적된 피로 때문에 쏟아지는 잠을 물리치고 눈을 뜨는 것부터가 고역이다. "5분만 더, 10분만 더"를 외치며 버틸 수 있는 데까지 버티다 출근 시간이 임박해서야 겨우 몸을 일으킨다. 빛의 속도로 세수하고 이 닦고 옷을 갈아입은 뒤 아침도 못 먹고 허둥지둥 집을 나선다. 하루를 준비할 여유는 어디에도 없다.

출근해서도 정신없기는 매한가지다. 몸도 정신도 몽롱한 상태에서 바쁜 하루가 시작되고, 무얼 하는지도 모르는 사이 쏜살같이 오전 시간이 지나간다. 계속 시간에 끌려다니는 형국이니, 하루를 온전히 내 것으로 만들기 어렵다. 그렇게 계속 하루하루를 낭비하는 한 꿈꾸는 삶은 점점 멀어질 뿐이다.

| 한 시간만 일찍 일어나도 삶이 달라진다 |

성공한 사람 대부분이 새벽형 인간이다. 대표적인 인물로 정주영 전 현대건설 회장을 들 수 있다. 새벽 세 시에 일어나 "왜 빨리 해가 뜨지 않느냐"고 화를 낸 그의 일화는 아주 유명하다.

대부분의 CEO는 아침 일찍 일어난다. 월간지 〈현대경영〉에서 우리나라 100대 기업 CEO 마흔 명을 대상으로 조사한 평균 기상 시간이 5시 45분이다.

그렇다면 새벽형 인간은 일어나서 무엇을 할까? 저마다 하루를 맞이할 준비와 자기계발을 한다. 빌 게이츠는 새벽 세 시에 일어나 두 시간 동안 독서를 한다고 한다. 체력 단련을 하는 이들도 많다. 기업의 회장들 중 새벽마다 청계산에 오르는 이도 있고, 강도 높은 조깅을 하는 이도 있다.

새벽에 일어나 두 가지를 꼭 하라.

하나는 하루 동안의 스케줄 점검이다. 무슨 일을 계획해야 하고, 누구와 어떤 일로 미팅을 할지 체크하고 준비한다. 협상이나 부탁을 요청하는 미팅일 경우 상대방이 무엇에 대해 이야기할지 생각해보고 내가 타협하고 양보할 수 있는 것과 없는 것을 판별한다. 또 어떻게 하면 부드러운 분위기에서 대화를 이끌어나갈 수 있을지 준비한다. 만약 편안한 미팅이라면 상대방이 어떤 일에 관심이 있을지 생각하고 그에 적합한 화젯거리들을 마련한다.

또 하나는 조간신문과 인터넷 기사를 보며 트렌드를 읽는 일이다. 모든 일이 그렇지만 사업은 트렌드를 읽지 못하면 성공하기 어렵다. 요즘처럼 변화무쌍한 시대에는 매일매일 노력하지 않으면 트렌드를 놓치기 쉽다. 가능한 한 신문기사들을 빠짐없이 보며 향후의 흐름을 예측하기 위해 노력해야 한다. 눈코 뜰 새 없이 바쁠 때도 헤드라인 만큼은 꼭 챙겨보아야 한다. 그렇지 않으면 경쟁에서 낙오된다.

아무런 준비 없이 시간에 쫓기면서 정신없이 하루를 시작한 사람과 차분하게 하루를 준비하고 시작한 사람의 삶은 다를 수밖에 없다. 굳이 성공한 CEO처럼 새벽에 일어나지 않아도 좋다. 지금보다 한 시간, 아니 30분이라도 일찍 일어나 그날 무엇을 할지 계획하고 하루를 맞이해보자. 삶이 달라질 것이다.

| 인생을 두 배로 살려면 새벽에 준비하라 |

꼭 새벽형, 혹은 아침형 인간이어야만 성공할 수 있는 것은 아니다. 사람마다 생체리듬이 다르기 때문이다. 새벽이나 아침에 가장 정신이 맑고 에너지도 충만한 사람이 있는가 하면 밤이 되어야 비로소 정신이 깨어나고 활력이 넘치는 올빼미형도 있다. 올빼미형도 하루를 철저하게 계획하고 준비한 다음 시작하면 성공하지 못하리라는 법은 없다. 하루를 언제 시작하는가보다 하루를 얼마나 효율적으로 쓰는가가 중요하다.

사실, 새벽만큼 하루를 계획하고 준비하는 데 좋은 시간은 없다고 본다. 새벽만큼 온전히 자신만의 시간이 되는 때도 없다. 휴대전화도 울리지 않고, 세상 밖 어떤 소음도 들리지 않는 고요한 시간, 그 누구의 방해도 받지 않고 몰입할 수 있는 유일한 시간이다.

그 어느 때보다도 머리가 맑아 두뇌 회전도 아주 잘된다. 하루 계획을 세우는 일도 순조롭게 척척 이루어지고, 복잡하게 얽혀 있던 생각이 술술 풀리기도 한다. 낮에 몇 시간이 걸려도 해내지 못할 일을 새벽에는 단 한 시간 만에 뚝딱 끝내는 경우도 허다하다. 그만큼 새벽 시간의 생산성은 최고다. 많은 사람이 하루 중 생산성이 가장 높은 시간으로 새벽과 아침을 꼽는다. 이는 단순한 경험이 아니라 과학으로도 증명된다.

사람의 신체는 애초부터 자연의 순리에 따르도록 만들어졌다. 새벽에 해가 뜨기 시작할 때에 몸도 깨어나고, 해가 지면 몸도 휴식 체제에 돌입한다. 낮에는 왕성하게 활동하던 신체기관들도 밤이 되면 휴식을 취하며 다음 날을 위해 에너지를 아끼고 충전한다. 이러한 순리에 역행하면 생체리듬이 깨져 병이 나기 쉽다.

두뇌 활동도 생체리듬의 큰 흐름에서 벗어나지 않는다. 두뇌 활동도 밤에는 저하되고, 새벽에는 재개된다. 워밍업을 마치고 가장 활발하게 두뇌가 활동하는 시간은 대략 아침 6시부터 8시까지라고 한다.

아침 두 시간의 생산성은 오후 네 시간과 맞먹는다. 두뇌도 깨어 있는 시간이 길어지면 길어질수록 피로가 쌓여 생산성이 떨어진다. 그러니 새벽과 아침 시간을 잘 활용하면 하루 24시간을 25시간, 30시간처럼 쓸 수 있다.

"아침 일찍 일어나면 정신이 몽롱해 하루가 엉망이 되는 경우가 많다."

종종 이렇게 반발하는 올빼미형들이 있다. 오랜 습관으로 생체리듬마저 낮과 밤이 바뀐 상태이니 기상 시간을 바꾸려고 하면 처음에는 당연히 그럴 것이다.

하지만 습관은 얼마든지 바꿀 수 있다. 다소 힘들더라도 자연의 순리에 맞춰 아침 일찍 일어나 하루를 시작하면 시간 활용의 효율성이 두 배로 높아질 것이다.

2
Chapter

시간 도둑을 잡아라

시간을 잘 관리하려면 계획적으로 시간을 쓰는 것은 물론 시간의 효율성을 최대한 높여야 한다. 그런데 그보다 더 중요한 것이 있다. 시간 도둑을 잡는 일이다. 시간을 훔쳐가는 요인을 없애지 않으면 시간 계획을 세워도 시간을 효율적으로 쓰기 어렵다.

시간을 훔치는 도둑은 많다. 집중력이 떨어질 때를 노려 5분, 10분 짧은 시간을 훔쳐가는 좀도둑은 물론 몇 시간씩 뭉텅이로 시간을 훔쳐가는 큰 도둑도 있다.

특히 큰 도둑은 워낙 소리 소문 없이 훔쳐가기 때문에 시간을 빼앗겼다는 것조차 모르는 경우가 많다. 이런 도둑만 잡아도 활용할 수 있는 시간은 배로 늘어난다.

| 할 수 있는 일과 할 수 없는 일을 구분하라 |

시간을 낭비하지 않고 효율적으로 사용하려면 자신의 능력을 정확하게 파악해야 한다. 일에 욕심을 부리는 것은 좋지만 능력이 부족한데도 호기만 앞세운 채 무조건 하려고 들면 시간의 효율성이 떨어진다. 요즘에는 대부분 팀 단위로 일을 하므로 자기 능력을 감안하지 않고 무작정 하면 내 시간은 물론 다른 사람의 시간까지 낭비하는 우를 범하게 된다.

할 수 없는 일인데도 하겠다고 붙잡고 있으면 그만큼 시간의 효율성이 떨어진다. 할 수 있는 일과 할 수 없는 일을 명확히 판단하여 할 수 없는 일은 그 일의 적임자에게 맡겨야 한다.

설령 할 만한 능력이 있더라도 혼자 일을 처리하는 데는 한계가 있다. 예를 들어, 의사도 주사를 놓을 줄 안다. 그러나 의사가 진료도 하고 주사까지 놓는다면 역시 효율성이 떨어진다. 주사를 놓는 일은 간호사에게 위임하고, 환자를 진료하는 데 전념해야 더 많은 일을 할 수 있는 것이다.

| 간단한 일도 쌓이면 큰일이 된다 |

일을 하다 보면 몇 시간씩 집중해야 하는 굵직한 일만 있는 것이 아니다. 거래처에 전화하기, 이메일 확인하여 답장 보내기, 간단한 보고서 작성하기, 책상 정리하기 등 잡다한 일들도 많이 해야 한다. 이런 일들은 처리하는 데 그리 오래 걸리지 않는다. 마음만 먹으면 금방 처리할 수 있다. 그런데 왠지 귀찮은 생각에 이런 일들을 미루는 경우가 많다.

간단한 일들도 자꾸 미루고 쌓아두면 큰일이 된다. 몇 초, 몇 분이면 처리할 수 있는 일을 한꺼번에 몰아서 처리하려면 시간도 많이 걸리고, 때를 놓쳐 낭패를 보기도 쉽다.

간단한 일은 바로바로 처리해버리자. 그래서 그런 일은 일정표보다는 포스트잇 등에 메모해두면 좋다. 굵직굵직한 일들은 일주일 전, 한 달 전, 몇 개월 전에 미리 계획해두고 잡다한 일들은 메모지에 적어 지갑에 넣고 다니는 것이다. 그러면서 일을 처리하는 대로 하나씩 지워간다. 다 처리한 메모지는 주저 없이 쓰레기통에 버린다.

메모지가 쌓여 있으면 불안하다. 그만큼 해야 할 일을 처리하지 못했다는 증거이기 때문이다. 그러므로 메모지가 쌓이지 않도록 바로바로 일을 처리하는 습관을 몸에 익히자. 일을 처리하고 메모지를 하나씩 없애면 마음도 홀가분해진다.

요즘에는 업무 사항을 문자로 많이 주고받는다. 이제부터 휴대전화 문자메시지함에서 메시지를 없애자. 일과 관련된 문자를 받으면 바로 처리하고 지워버리는 것이다. 답변이 필요할 때도 바로 답변을 한다. 이는 상대방에 대한 예의다.

큰일이라면 일의 우선순위를 정해서 신중하게 해야겠지만 간단한 일이라면 즉시 해치우자. 그래야 사소한 일로 스트레스를 받으며 실수하는 일도 없을 것이다. 무엇보다 금쪽같은 시간을 알뜰하게 쓸 수 있다.

3
Chapter

시간을 분 단위로 기록하라

"운동해야 하는데 시간이 없네."

"자기계발을 해야 하는데 도통 시간을 낼 수가 없어."

"일이 너무 바빠서 얼굴 볼 시간이 없다."

현대인은 시간이 없다는 소리를 입에 달고 산다. 무슨 일이든 못
하는 이유가 다 시간이 없기 때문이란다.

정말 시간이 없을까? 아니다. 시간이 없는 것이 아니라 시간 관리
를 제대로 하지 못해 시간을 만들지 못하는 것이다. 시간은 조금만
노력하면 얼마든지 만들 수 있다. 우선 5분, 10분 그냥 흘려보내는
자투리 시간부터 챙겨보자. 이 자투리 시간만 잘 활용해도 생활은
한층 여유로워진다.

| 낭비하는 시간 찾아내기 |

하루에 그냥 허비하는 자투리 시간은 얼마나 될까? 머릿속으로 떠올려보는 것만으로는 알 수 없다. 대략 어떤 일을 하면서 보냈는지 기억하겠지만, 어떤 일을 얼마 동안 했는지 정확히 기억해내기란 불가능하다. 하물며 5분, 10분 그냥 흘려보낸 시간은 아예 기억에서조차 없다.

자투리 시간이 얼마나 되는지를 알려면 시간을 기록해봐야 한다. 그것도 두루뭉술하게 기록하지 말고 분 단위로 쪼개 기록해야 한다.

자기 분야에서 성공한 사람 중에는 시간을 기록하는 습관을 지닌 사람이 많다. 대표적인 인물로 러시아 곤충학자 류비셰프를 들 수 있다. 그는 1890년에 태어나 1972년 82세의 나이로 생을 마감할 때까지 자신의 전공 분야인 곤충학은 물론 식물학, 철학, 동물학, 유전학, 농학, 과학사 등 다방면에 걸쳐 70여 권의 학술서적과 12,500장에 이르는 방대한 연구논문을 저술했다. 이런 그를 두고 사람들은 누구도 그의 학문적 깊이를 짐작할 수 없다고 입을 모았다.

류비셰프가 남긴 엄청난 양의 학술서적과 연구논문을 보면 하루 24시간을 통째로 연구와 저술에 사용했을 것만 같다.

그러나 류비셰프의 생활은 예상을 뒤엎는다. 그는 매일 여덟 시간 이상 자고, 운동과 산책도 즐겼다. 하루 세 끼 꼬박꼬박 식사하고 중간중간 여유롭게 차도 마셨다. 그렇게 생활하면서 보통 사람은 흉내도 내지 못할 대단한 업적을 남겼다. 그 비결은 시간을 기록하며 알뜰하게 썼기 때문이다.

류비셰프는 1972년 그가 사망한 그날까지 약 56년 동안 하루도 빠짐없이 일기를 썼다. 그의 일기는 우리가 흔히 생각하는 일기가 아니다. 그의 일기는 하루에 무엇을 얼마 동안 하면서 보냈는지를 적은 그야말로 시간 기록 일지다. 그의 일기를 보면 감탄이 절로 나온다. 다음은 그의 일기 중 일부다.

곤충분류학, 알 수 없는 곤충 그림 두 점 스케치 : 3시간 15분
어떤 곤충인지 조사함 : 20분
슬라바에게 편지 : 2시간 45분
식물보호단체 회의 : 2시간 25분

그는 분 단위까지 정확하게 자신이 사용한 시간을 기록했다. 또 시간을 기록하는 데 그치지 않고 월말과 연말에는 시간 통계를 냈다. 그렇게 시간을 철저히 기록하며 관리한 덕분에 충분히 자고 여가 생활까지 즐기면서 엄청난 양의 일을 해낼 수 있었던 것이다.

하루를 구체적으로 기록해보기 전에는 자투리 시간이 잘 보이지 않는다. 류비셰프처럼 매일 시간 일기를 쓰기 어렵다면 일단 하루만이라도 시간 일기를 써보자. 그러면 블랙홀처럼 시간을 갉아먹는 자투리 시간을 발견할 수 있을 것이다. 시간을 갉아먹는 자투리 시간을 자기계발이나 경쟁력을 높이는 일에 사용하면 일석이조의 효과를 얻을 수 있다.

4
Chapter

자투리 시간을 모으면 태산을 이룬다

5분, 10분. 무엇을 하기에는 너무 짧게 느껴지는 시간이다. 그러나 그렇지 않다. 생각을 바꿔야 한다. 하루만 보면 자투리 시간을 다 모아도 30분이 채 안 될 수도 있지만 그 자투리 시간이 한 달, 두 달 모이면 태산을 이루는 법이다.

하루에 자투리 시간을 20분씩만이라도 활용한다고 가정해보자. 1년이면 7,300분, 약 120시간이 훌쩍 넘는다. 결코 우습게 볼 시간이 아니다.

순수한 자투리 시간 외에 두 가지를 동시에 할 수 있는데 하지 않는 시간까지 자투리 시간 개념에 포함하면 시간은 훨씬 많아진다. 예를 들어 지하철이나 버스나 차를 타고 이동하는 시간도 얼마든지 다른 일에 활용할 수 있다.

미래를 준비하는 젊은이들은 지하철을 타고 출퇴근할 때도 책을 읽는다. 처음 회사에 다닐 때는 적응하느라 피곤한 데다 사람이 많은 지하철에서 책을 읽기도 불편한데도 말이다. 그런 젊은이들에게는 지하철을 타는 40여 분 동안 아무것도 하지 않고 멍하게 서 있는 것도 고역이라고 할 수 있다.

그렇게 출퇴근 시간에만 책을 읽는데도 일주일에 최소한 한 권 이상을 읽을 수 있다. 소설이나 자기계발서처럼 술술 읽히는 책은 두세 권도 너끈히 읽을 수 있다.

그뿐만이 아니다. 만나기로 한 사람이 5분, 10분 정도 늦을 때도 책을 읽으면서 기다린다. 맥 놓고 기다리면 1분, 2분 약속 시간이 늦어짐에 비례해 감정이 상할 텐데 책을 읽으면 감정을 차분하게 유지할 수 있어 좋다.

조금만 생각해보면 자투리 시간을 이용해 할 수 있는 일은 무궁무진하다. 어학 공부가 필수인 글로벌 시대에 시간이 없다는 핑계를 대지 말고 하루 10~20분씩 1년만 꾸준히 공부하면 기본적인 의사소통이 충분한 실력을 갖출 수 있다.

계획을 세우거나 자신을 돌아보는 데도 자투리 시간이 유용하다. 차 안에 혼자 있을 때 생각이 가장 잘 정리된다. 그래서 출근할 때는 좋아하는 음악을 들으며 일과를 계획하고, 퇴근할 때 그날의 일과를 점검하고 반성하는 젊은이들이 많다.

아이디어를 구상하는 일도 자투리 시간에 할 만하다. 조용한 곳에 있을 때보다 복잡한 지하철 안에서 혹은 거리에서 불현듯 무릎을 딱 치게 하는 아이디어가 떠오를 때도 많다.

이처럼 자투리 시간을 이용해 할 수 있는 일은 많다. 자신에게 가장 잘 맞는 방법으로 자투리 시간을 활용하면 별도로 자기계발을 위한 시간을 마련하지 않아도 충분히 발전할 수 있다.

5

Chapter

일주일에 하루쯤은 완전히 일에서 벗어나라

주5일 근무가 정착되면서 표면적으로는 일주일에 2일 휴식을 취할 수 있는 것처럼 보인다. 5일 일하고 2일을 쉰다면 그리 나쁜 그림은 아니다. 그러나 실제로 주5일 근무를 하는 사람은 그리 많아 보이지 않는다. 상사의 눈치를 보며 토요일, 일요일에도 출근하는 사람이 많고 출근하지 않더라도 집에서 일을 하거나 일에 대한 걱정 때문에 편히 쉬지 못하는 사람들이 많다.

시간을 관리한다고 하면 일하는 데 필요한 시간 관리만을 생각하기 쉬운데, 휴식 시간도 중요한 시간 관리 요소 중 하나다. 시간 관리를 잘하려면 완벽한 휴식 시간을 꼭 가져야 한다. 일을 손에서 놓는 것은 물론 머릿속에서조차 완벽하게 지워버리는 휴식이 필요하다. 그렇지 않으면 일을 잡고 있어도 진전은 없고 피로만 누적된다.

철저하게 하루 휴식할 때는 휴대전화기를 꺼놓는 것도 괜찮다. 전화기를 꺼놓으면 일단 전화가 오면 어쩌나 걱정을 하지 않아도 되니 마음이 편하다.

마음이 편하면 정신적인 여유도 생긴다. 머릿속에 가득했던 생각들을 내려놓으면 오히려 머리가 말랑말랑해져 그토록 고민해도 답을 찾을 수 없었던 문제들의 실마리를 찾게 된다.

휴식은 이 보 전진을 위한 일 보 후퇴다. 산더미처럼 쌓인 일을 놔두고 쉬면 그만큼 일을 마치는 시간이 늦어질 것 같지만 그렇지 않다. 휴식을 취하면서 피로를 풀고 사고를 유연하게 만들면 생산성이 높아져 오히려 일을 더 빨리, 효과적으로 처리할 수 있다.

| 나에게 맞는 휴식 방법을 찾아라 |

휴식 방법에는 어떤 정답이 있는 게 아니다. 어떤 사람은 하루 종일 부족한 잠을 자고, 어떤 사람은 등산을 한다. 온종일 자전거를 타는 사람도 있고, 하루 종일 책을 읽으며 휴식을 취하는 사람도 있다.

어떻게 휴식을 취하는가는 순전히 당신의 선택이다. 어떤 방식이든 상관없다. 복잡했던 머릿속을 정리하고 잔뜩 긴장했던 몸과 마음을 느긋하게 풀어줄 수 있다면 다 좋다. 자기가 좋아하는 방식으로 즐겁게 시간을 보내면 충분한 휴식이 가능하다.

그러나 지나치게 뇌를 자극하는 방법은 오히려 피로를 가중시킬 수 있으니 조심해야 한다. 많은 사람이 집에서 하루 종일 텔레비전을 보거나 컴퓨터 게임을 하면서 시간을 보내는데, 이는 좋은 휴식 방법이 아니다. 텔레비전 시청이나 컴퓨터 게임 모두 시각, 청각 등 다양한 감각을 통해 과도한 정보를 뇌에 전달하기 때문에 뇌가 쉬이 피로해질 수 있다.

적당한 운동을 하며 휴식을 취하는 것이 가장 좋다고 한다. 운동을 하면 몸이 더 피곤해질 것 같지만 과하지 않게 적당히 하면 오히려 몸이 가벼워진다.

어떤 운동을 어떤 방식으로 하든 괜찮지만 이왕이면 야외에서 햇볕을 쐬며 운동하는 것이 좋다. 햇볕을 쐬면 행복 호르몬이라 불리는 '세로토닌'이 많이 분비된다. 운동을 해 땀을 흘리면 기본적으로 기분을 좋게 만드는 호르몬 '엔도르핀'이 많이 분비되는데, 여기에 세로토닌까지 가세하니 몸도 마음도 하늘을 날 듯 가벼워진다. 휴식도 취하면서 몸과 마음도 건강해질 수 있으니 일석이조 휴식법이 따로 없다.

Part 10

설득력으로
승부하라

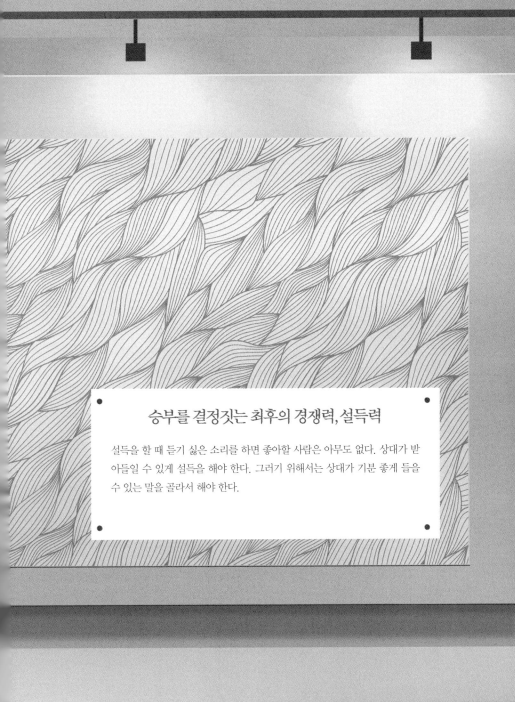

승부를 결정짓는 최후의 경쟁력, 설득력

설득을 할 때 듣기 싫은 소리를 하면 좋아할 사람은 아무도 없다. 상대가 받아들일 수 있게 설득을 해야 한다. 그러기 위해서는 상대가 기분 좋게 들을 수 있는 말을 골라서 해야 한다.

1
Chapter

상대를 설득하는 열두 가지 방법

스피드 시대에 '말을 잘한다'는 것은 '말이 많다'는 개념과는 근본
적으로 다르다. 군더더기 없는 말로 최대한 빨리 상대를 설득해내는
능력은 곧 비즈니스 사회의 경쟁력이다.

'말 잘하는 법'을 이야기할 때 스피치 전문가들이 이구동성으로
꼽는 조건은 되도록 부정어법을 삼가라는 것이다. 부정어법은 부정
적 사고방식을 스스로 고백하는 꼴이기 때문이다. 세상 사람들을 편
의상 '성공인 클럽'과 '실패인 클럽'으로 간단하게 나누어본다고 할
때, 전자에 속하는 이들은 부정어법을 훨씬 덜 쓴다는 게 전문가들
의 공통적인 의견이다. 흔히 드는 예로, 후자에 속하는 이들의 열에
아홉은 '아직 이것밖에 못했다'고 말하는 것을 전자에 속하는 사람
들은 '지금까지 이만큼이나 했다'고 표현한다는 것이다.

그러면 이제 비즈니스 사회에서 상대를 효과적으로 설득하는 방법에 대해 좀 더 상세히 알아보자.

① 설득 시 소재가 중요하다.

설득할 때는 내가 하고 싶은 말이 아니라 상대방이 듣고 싶은 말을 해야 한다. 거울을 보며 자기에게 말하는 것이 아니라면 상대방이 듣고 싶은 말을 해야 한다. 제품에만 소재가 중요한 것이 아니라 말에도 소재는 중요한 것이다.

② 타이밍이 중요하다.

타자가 공이 날아오는 순간 방망이로 때리듯, 말도 그 순간에 맞게 쳐야 안타가 된다. 말도 상황이 지나고 나서 해봐야 아무 소용이 없다.

③ 설득의 핵심은 듣는 것이다.

비즈니스에서 말 잘하는 사람은 열심히 떠드는 사람이 아니라 열심히 들어주는 사람이다. 귀로만 듣는 것이 아니라 맞장구를 쳐가며 온몸으로 들어주는 것이 무엇보다 중요하다.

④ 설득 시 표정이 중요하다.

밝은 표정으로 말한다. 표정은 말보다 더 큰 감동을 줄 수 있다. 상대가 슬픈 말을 할 때 슬픈 표정을 짓고, 우스운 얘기를 할 때 책상을 두드리거나 크게 폭소를 터뜨리는 등 맞장구를 치면, 상대방은 대화를 훨씬 더 흥미로워할 것이다.

⑤ 말에도 맛이 있다.

음식에만 맛이 있는 게 아니다. 말에도 맛이 있다. 감칠맛 나게 말하도록 한다.

⑥ 설득의 에티켓을 지킨다.

상대방의 말이 마음에 들지 않는다고 중도에 끊어서는 안 된다. 같은 말을 백번 들었어도 처음 듣는 듯한 반응을 보일 수 있어야 한다. 또한 모르는 것을 모른다고 인정하는 것은 결코 부끄러운 일이 아니다. 모르는 것을 아는 척하는 사람이 어리석은 것이다.

⑦ 가급적 쉬운 말로 하라.

쉬운 말도 어렵게 하는 사람이 있는가 하면 어려운 말도 쉽게 하는 사람이 있다. 설득할 때는 누구나 알아듣기 쉬운 말로 하는 것이 중요하다.

⑧ 분위기에 맞는 말을 한다.

결혼식에서는 행복을 빌어주는 말을 하고 초상집에서는 고인을 추모하는 말을 해야 한다.

⑨ 자기 자랑을 하지 마라.

자기 자랑에 열을 올리는 사람처럼 어리석은 사람도 없다. 그런 자랑은 누구의 흥미도 끌 수 없기 때문이다. 오히려 자신의 실수담을 말했을 때 듣는 사람들은 동류의식을 갖고 친근감을 느낀다.

⑩ 상대방의 반응을 예측하라.

바둑을 잘 두는 사람은 몇 수 앞을 내다보고 돌을 놓는다. 말도 이와 다르지 않다. '내가 이 말을 했을 때 상대방은 어떠한 반응을 보일까?'를 생각하고 말해야 한다.

⑪ 대화의 주제를 선택할 때 민감한 사안은 피하라.

정치와 종교 얘기는 꺼내지 않는다. 정치적 의견이나 종교가 서로 다를 경우 오해를 불러 갈등을 증폭시킬 수 있기 때문이다.

⑫ 사전 준비를 철저히 하라.

말을 할 때는 사전에 시나리오를 만들어 예행연습을 하는 것도 필요하다. 이렇게 하다 보면 점점 짜임새 있는 말이 가능해진다. 상대방의 얘기를 들으면서 중요한 부분은 복명복창하는 것이 필요하다. 그러면 대화가 훨씬 활기를 띤다.

2
Chapter

설득의 심리적 기법

    고슴도치들은 추워지면 서로를 품는다. 언뜻 생각하기에 고슴도치가 그 날카로운 가시를 달고 어떻게 서로에게 다가갈 수 있을까 싶다. 하지만 거기에는 사람들이 이해하지 못하는 고슴도치의 절묘한 기교가 숨어 있다. 서로의 몸을 품으면서도 상대방의 살갗에 가시가 닿지 않을 정도의 적당한 거리를 유지하는 것이다. 아슬아슬하게 가시가 살에 닿지 않는 모습을 상상하면 손에 땀이 날 지경이다. 그러나 그러한 노력이 없다면 고슴도치들은 겨울을 춥게 날 수밖에 없다. 따뜻한 온기를 느끼면서 서로에게는 상처를 주지 않는 거리, 이 본능적인 거리감이 사랑을 만들어낸다.

    설득을 할 때 듣기 싫은 소리를 하면 좋아할 사람은 아무도 없다. 상대가 받아들일 수 있게 설득을 해야 한다. 그러기 위해서는 상대가 기분 좋게 들을 수 있는 말을 골라서 해야 한다. "도대체 어떻게 하겠다는 거야?"라고 자신의 생각을 강요하면 상대는 무시당하는 느낌을 받아 찬성할 것까지도 반대해버릴 수 있다. "자네라면 어떻게 하겠어?"라고 말을 던지면 그에게서 바라던 대답이 나올 것이다.

| 설득 화법의 목적 |

설득이란, 무엇인가를 호소하는 수단을 통해 상대방이 자신의 의도대로 행동하게 하는 것이다. 즉, 설득의 목적은 한마디로 '하게 한다'는 것이다. 단지 지적인 이해가 아니라 일차적으로는 상대방으로 하여금 자신의 생각을 납득해 받아들이게 하고 궁극적으로는 그 동의한 바를 행동으로 옮기게 하는 것이 설득의 목적이다.

| 설득에 관여하는 세 가지 요소 |

다음의 세 가지 요소가 설득의 과정에서 복합적으로 적절히 작용할 때 설득의 효과는 배가된다.

① 에토스(ethos)

설득하는 사람의 인격과 직결되는 정신을 말한다. 설득하는 사람이 훌륭한 인격의 소유자라면 상대방은 그의 말에 거부감 없이 승복하려 한다.

② 파토스(pathos)

정서적인 면에 호소하기 위한 감성적 요소를 말한다. 인간의 욕구는 본질적으로 감성적이므로 설득할 때에는 감정에 호소할 수도 있어야 한다.

③ 로고스(logos)

논리적인 뒷받침이 되는 이성을 말한다. 설득할 때에는 주장하려는 바가 뚜렷하고 공정해야 하며 확실한 근거를 바탕으로 정확한 용어를 사용해 논리적인 추론을 해야 한다.

| 설득할 때의 유의 사항 |

설득하는 사람은 지적인 면뿐만 아니라 윤리적인 면에서도 믿을 만한 사람이어야 한다. 또한 다음의 다섯 가지를 유의할 때 설득의 효과가 나타난다.

- 정확하고 충분한 정보를 제공해야 한다.
- 상대방의 입장을 이해하고 고려해야 한다.
- 구체적이고 명확한 용어를 사용해야 한다.
- 상대방을 충동질하거나 윽박지르지 말고 스스로 생각해 결정할 수 있는 여유를 줘야 한다.
- 상대가 스스로 당신의 의견에 동의하도록 납득시켜야 한다.

3
Chapter

상대를 내 편으로 만드는 설득의 다섯 가지 비결

설득의 사전적 의미는 '상대편이 이쪽 편의 이야기를 따르도록
여러 가지로 깨우쳐 말함'이다. 이는 곧 상대의 마음을 말로써 사로
잡는 것이다. 상대를 내 편으로 만드는 설득의 비결은 다음과 같다.

① 이득을 보겠다는 욕망을 자극한다.

사람은 원래 단 10원이라도 손해를 보지 않겠다든가, 조금이라
도 싼 물건을 사겠다는 등, '이득을 보겠다'는 욕망을 갖고 있다.
따라서 될 수 있는 한 구체적인 이익을 내걸고 설득한다.

② 자존심을 자극한다.

"네가 아니면 안 돼", "다들 너를 원하고 있어"라는 말로, 상대의

자존심을 북돋아주는 일이 중요하다.

③ 공포심을 자극한다.

바꾸어 말하면 나쁜 결과를 연상시켜 설득하는 것이다. 지금 상태로 그냥 있다면 곧 위험이 뒤따른다는 사실을 인식시키면 상대는 움직이지 않을 수 없게 된다.

④ 보상의 욕망을 자극한다.

성취한 후에는 보상이 따른다는 조건을 제시해서 설득하는 것이다. "이번 3개월 동안에 최고의 실적을 올린 사람에게는 보름 휴가에 일본 여행까지 보내준다"든지 "너 이번에 평균 B학점을 받았는데 A학점을 따면 네가 좋아하는 휴대용 게임기 사줄게. 열심히 해라" 등의 경우다.

⑤ 갈증의 욕망을 자극한다.

한 예로, 석유를 팔기 위해 램프를 무상 공급하는 회사는 공짜심리를 이용해 갈증을 일으키게 하는 방법을 설득 기술에 활용한 것이다.

4
Chapter

논쟁에서 승리하는 방법

논쟁이란 서로 다른 의견을 가진 사람들이 각각 자기의 주장을 말이나 글로 논하여 다투는 것을 말한다. 논쟁에서 이기려면 '주장', '사실', '논거', 이 세 가지 요소를 제대로 갖추고 있어야 한다.

| 논쟁에 대처하는 자세 |

링컨은 "설령 논쟁에서 이겼어도 장기적으로 보면 결코 이긴 것이 아니라 진 것"이라고 했다. 또한 "논쟁에서 이기는 것은 마치 친구를 하나씩 잃는 것과 같고, 나아가 잠재적인 적을 하나씩 만들어가는 것"이라 말했다.

논쟁에서 이기는 가장 좋은 방법은 오로지 그 논쟁을 피해가는 것이다. 결코 쌍방에 도움이 되지 않는 공격적인 논쟁을 할 바에는 차라리 말을 하지 않는 편이 낫다. 그러나 어쩔 수 없이 논쟁을 해야 하는 상황이라면 다음의 세 가지 방법에 따른다.

① 삼단논법을 구사한다.

대전제, 소전제, 결론에 입각하여 논쟁한다. 이를테면 "사람은 죽는다(대전제). 철수는 사람이다(소전제). 그러므로 철수는 언젠가 죽는다(결론)!" 하는 식이다.

삼단논법을 잘 구사하려면 문제의 발생 원인과 그 문제를 극복할 대책 등에 관하여 나름대로 심사숙고하는 버릇을 들여야 한다. 일상에서 일어나는 사소한 일도 삼단논법에 맞춰 생각하는 습관을 들인다면, 이 논리적 사고방식의 강력한 토론 능력을 키울 수 있다.

② 궤변의 논법을 활용한다.

'현대 여성이라면 꼭 필요한 화장품', '건강하고 밝은 여성의 필수품'이라는 광고 카피는 별로 아름답지 못한 여성일지라도 그 필수품을 구매하고 사용하면 자신도 건강하고 밝은 현대 여성이 된다는 착각에 빠지게 한다. 궤변에는 이런 효과가 있다.

③ 심리적으로 우위에 서야 한다.

심리적으로 우위에 서려면 첫째, 상대의 입장을 필요 이상으로 의식하지 말아야 한다. 논쟁에 약한 사람들을 보면 대개 상대의 입장을 필요 이상으로 염려한 나머지 강력한 주장을 펼치지 못하는 경우가 많다. 상대가 강하게 나오면 당연히 서슴없이 강하게 반론을 제기해야 한다.

둘째, 관심과 이해심을 보여야 한다. 처음부터 대립적 자세를 취하면 그것은 토론이 아니라 말 그대로 싸움이다.

| 논쟁에서 이기는 기술 |

논쟁에서 상대를 제압하려면 다음의 세 가지를 염두에 두어야 한다.

① 상대에게 공격받을 만한 약점을 노출해서는 안 된다.

약점이 있는 사람은 언제나 한풀 꺾이게 마련이다. 그 핸디캡 때문에 자신감도 없어진다. 그러나 상대에게 공격받을 만한 약점이 전혀 없으면 자신감이 생길뿐더러 어떠한 문제에서든 논리적으로 완벽하게 대응할 수 있다.

② 임기응변의 화술을 익혀야 한다.

임기응변은 평소에 내용을 준비해두는 것이 필요하다. 임기응변이란 아무것도 없는 상태에서 새롭게, 급하게 말을 하는 것이 아니라 있는 것을 적절히 보여주는 것이다.

③ 논쟁의 자리에서는 절대로 냉정을 잃지 말고 자기 페이스를 유지해야 한다.

논쟁을 하다 보면 냉정을 잃기 십상이다. 따라서 최소한 상대보다는 냉정해야겠다고 다짐하는 일이 중요하다.

| 상대에 따른 적절한 설득의 기술 |

설득을 할 때는 상대에 따라 그 접근법을 달리 해야 한다.

① 열등감 혹은 우월감을 가진 사람과 논쟁할 때

열등감이 있는 사람과 논쟁할 때는 가급적 마음의 상처가 될 만한 화제는 피한다. 이런 상대와 논쟁할 때는 특히 인신공격 같은 것은 절대 삼가야 한다.

대단한 자부심에 우월감을 가지고 있는 사람과 논쟁할 때는 상대의 약점을 건드리는 말은 피한다. 이런 상대와 논쟁할 때는 함부로 말하는 가벼운 태도를 보이지 말고 적당히 맞장구를 쳐주며 체면을 살려주어야 한다. 그러면서 논리적 허점을 파고들어야 한다.

② 상사나 부하와 논쟁할 때

상사와 논쟁할 때는 일단 상사의 체면을 존중해야 한다. 대립적인 자세를 피하고 기본적으로 상사를 도와 문제를 해결하겠다는 협력적 자세를 유지하는 게 필요하다.

부하와 논쟁할 때는 부하의 발언을 장려하고 격려하는 쪽으로 분위기를 끌고 가야 한다. 객관적인 상황을 냉정히 설명한 후 부하의 격의 없는 논리에 귀를 기울인다. 그러면서 그의 아이디어가 아무런 장애 없이 표현되도록 힘쓰고, 잘못된 점이나 오류는 나중에 지적해준다.

③ 고객과 논쟁할 때
싸게 사고 싶어도 질이 나쁜 물건은 사고 싶지 않다는 게 고객의 심리다. 손님이 자꾸 할인해달라고 요청할 때, 할인이 문제가 아니라 상품의 질이 문제라는 것을 정중히 설명하면 대개 수긍한다.

| 참고 문헌 |

『매너가 경쟁력이다』 허은아 지음, 아라크네

『인맥의 힘(2% 부족한 나를 채워주는)』 순따웨이 지음, 이선아 옮김, 미래의창

『인맥이 사람을 움직인다』 김승용 지음, 미래지식

『아침 2시간 인생의 승부를 걸어라』 김형주 지음, 삼각형프레스

『성공화술백서』 윤치영 지음, 책만드는집

『설득기술』 후쿠다 다케시 지음, 임희선 옮김, 청림출판

『내 인생 최고의 멘토』 이영권 지음, 아름다운사회

『나만의 브랜드 만들기 10대에 시작하라』 스테드먼 그레이엄 지음, 정도윤 옮김,
　　도솔

『준비된 말이 성공을 부른다』 이정숙 지음, 가야미디어

지나고 나서야 알게 되는 것들

1판 1쇄 인쇄 2013년 4월 15일
1판 1쇄 발행 2013년 4월 20일
1판 2쇄 발행 2013년 9월 16일

지은이 성제혁
펴낸이 임종관
펴낸곳 미래북
북디자인 디자인홍시
등록 제 302-2003-000326호
주소 서울시 용산구 효창동 5-421호
마케팅 경기도 고양시 덕양구 화정동 965번지 한화 오벨리스크 1901호
전화 02)738-1227(대) ㅣ 팩스 02)738-1228
이메일 miraebook@hotmail.com

ⓒ 성제혁

ISBN 978-89-92289-53-5   03320